QIETING XINYU

且听心语

龙林 著

四川大学出版社

项目策划：徐丹红
责任编辑：徐丹红
责任校对：王　玮
封面设计：何东琳
责任印制：王　炜

图书在版编目（CIP）数据

且听心语 / 龙林著． — 成都 ： 四川大学出版社，2020.10（2023.9 重印）
ISBN 978-7-5690-3902-3

Ⅰ．①且…　Ⅱ．①龙…　Ⅲ．①青少年－心理健康－健康教育　Ⅳ．①G444

中国版本图书馆 CIP 数据核字（2020）第 194687 号

书名　且听心语

著　　者　龙　林
出　　版　四川大学出版社
地　　址　成都市一环路南一段 24 号（610065）
发　　行　四川大学出版社
书　　号　ISBN 978-7-5690-3902-3
印前制作　四川胜翔数码印务设计有限公司
印　　刷　永清县晔盛亚胶印有限公司
成品尺寸　148mm×210mm
印　　张　8.625
字　　数　207 千字
版　　次　2020 年 11 月第 1 版
印　　次　2023 年 9 月第 2 次印刷
定　　价　48.00 元

◆ 读者邮购本书，请与本社发行科联系。
电话：(028)85408408/(028)85401670/
(028)86408023　邮政编码：610065
◆ 本社图书如有印装质量问题，请寄回出版社调换。
◆ 网址：http://press.scu.edu.cn

四川大学出版社
微信公众号

心语

心灵有语言吗？有的。

我的职业就是倾听心灵的语言。这是一个光怪陆离的世界，每个人每天都在自己的世界里穿梭，或欢喜或寂寞。

从今天开始，我想把这些声音带到你的身边。如果这些声音刚好能唤起你的一些思考和共鸣，甚至也能让你一起发声，我想这对于我来说就是莫大的奖励了。

当我打开记忆之门，搜索一个个故事的主人公时，我忽然发现故事的情节早已变得十分的模糊，唯独来访者的纠结、焦灼、痛苦、喜悦、放松……种种情绪至今还可以对我的内心造成巨大的冲击，久久不能消失。我这才意识到作为一名心理学教师，与我打交道的并不是一些匪夷所思的事件，而是由琐碎事情诱发的各种难以自制、莫名其妙的情绪。

A 君来过咨询室许多次，有一次我和他碰巧一起上楼梯，A 君很惶恐，脸上显示出各种不自然的表情；B 君和一群同学说说笑笑迎面走来，却刻意避开了我的目光；一位“心灵相通”的家长正要跟我打招呼，却见旁边有人，欲言又止……他们用行动告诉我，与一个心理教师很熟络不见得是一件光彩的事情。

是的，我懂！在这个世界上，我们每个人每天都把自己收拾得光鲜亮丽，以最好的姿态呈现在世人的面前，有谁愿意昭示我的丑、我的弱、我的“怂”、我的不可理喻？而作为见证过别人光辉下阴影的我在完成了自己的任务的时候，就该得体知趣地退场。“来找你是为了不再见你”一位初三毕业的学生在心理咨询缘由中这样写道。我无意在这里炫耀我的伟大，只是类比一下我接下来要分享的故事的主人公们在这种常态下的不介意对我是多么大的恩赐。

作为一名心理咨询师，我见证过太多人性的脆弱与纠结、人性的复杂与多元、成长的艰辛与孤单。尤其是我的来访者大多数是一些中小学生，他们有他们独特的思维，特殊阶段的特殊烦恼。他们在急速成长的过程中对社会、对他人、对自己进行着各种方式的探索和解读，当然也产生了很多的迷惘与困惑。很多人很爱他们，却用着自己的方式，而这些方式或许又把他们推得更远，伤得更深。这些剪不断理还乱的情绪和关系充斥着每个孩子的成长之路，让生命承受了太多不可名状之重。

我曾经问过诸多青少年一个问题：童年、少年、青年、老年，你最喜欢哪个时段？几乎80%的来访者都回答：老年。理由大同小异：老年就没有人管了，就可以做自己喜欢做的事。我还记得曾经有个十三岁的男孩用很忧伤的眼神看着我说：“我真希望自己一夜之间就老去，然后去流浪。我觉得那是我奋斗的目标。”

一个人是有多厌弃现在，才会对暮年产生向往！都说青春豪迈、青春万岁，但是却有一大批青少年讲述着青春之殇。

这是一群特殊的人，这是一群特别值得关爱与关注的人——

每个人的内心都有一个小孩，如果我们不能好好地养育他，长大以后很多的不满足都是源于这个内在小孩的反抗和挣扎。

特别感谢那些愿意将自己的痛苦经历与我分享的来访者，今后或许我们很少能再相见，但是那些我们一起走过的岁月和一起分享过的情绪将永远铭记在我们彼此的生命里，相互滋养，相互促进。就让这些或青涩或晦暗或无病呻吟的“矫情”用文字的方式定格在这里吧，成为我们成长路上独特的一段心语，如果有一天你无意中读到某一段，突然想到当初的自己，能够伸出双手拥抱过去，并微笑着对自己说：“啊，我已经长大了！”

对于我来说，这就足够了。

目　录

Part 1

我的杯子不大，但我是用自己的杯子喝水。

——缪塞

Part 2

人的任务不是去看清远处模糊的东西，而是去做好身边清楚的事情。

——托马斯·卡莱尔

Part 3

荣誉感和成就感，是人的高层次需求。

——马斯洛

Part 4

听不见音乐的人才会以为跳舞的人疯了。

——尼采

Part 5

孤独并不是来自身边无人。感到孤独的真正原因是因为一个人无法与他人交流对其最要紧的感受。

——卡尔·荣格

Part 1

我的杯子不大，但我是用自己的杯子喝水。

——缪塞

时间都去哪儿了？

经常有朋友问我，你一天到晚工作那么忙，哪有那么多时间来写公众号？

是啊，时间都去哪儿了？这是个需要思索的话题。

我公众号上的文章没有一篇是上班时写的。它们一般都诞生在晚上十点以后。为什么是十点以后呢？因为这个时候孩子已经熟睡，工作电话也消停了，洗漱完毕，终于可以坐在电脑前，整理整理自己的思绪，写点什么。

我问过很多我这个年纪的同事（孩子一般读小学），一天之中她们最喜欢哪一个时间段，她们的回答几乎和我一样——晚上十点以后。我想对于我们这个年龄段的职业女性来说属于自己的时光从晚十点才真正开始。

不过这真是一段妙不可言的时光。很安静，不仅是外部环境，还有自己的内心。经过一天的打拼，体力上的衰退，反而使人没那么“飞扬跋扈”，与白天相比要平和柔顺很多——这个时候我们可以好好审视自己，好好审视一天的生活和周遭的人；还有的人喜欢像过电影一样进行一番回忆，这时思绪往往就像八爪鱼一样，伸出很多触角，你也会惊叹自己的想法如此细腻，于是诉诸笔端。与其说你是在写作，不如说你是在说话，更多的时候你知道，听众就是你自己。

我曾经看过一本书，书中的主人公坚持十九年每天五点钟起床，开始工作和学习。当别人七点起床的时候，她已经工作了两个小时。她算了一笔账，十九年的时间她比别人足足多“活”出了 578 天。她觉得在一样的时间基量里自己赚得“盆满钵满”。当时我看了以后很振奋，毕竟自己也算“大器晚成”（姑且自我吹捧一下，其实就是“醒事”太晚的意思），于是总想把原来耽误的时间补回来，所以下定决心如法炮制。无奈，五点钟起床真是一件很痛苦的事，再加上我又没有一封诸如有跨国邮件需要回复或者上千万元的合同等着我来签订，仅仅是因为想偷点时间来做点喜欢的事，这个动机实在不足以支撑我如此“折磨”自己，于是，果断放弃了。

晚上十点到十二点这段时间就要理想很多。没有更多的任务感，也没有早上七点要赶着出门上班的手忙脚乱，拖一下也无妨。有了这样的自我放松，反而更加纯粹。这让我想起了“创业咖啡馆效应”。它说的是一种有趣的现象，就是很多创业公司的人员都喜欢去咖啡馆谈事情。其实想想咖啡馆一般灯光都比较昏暗，音乐很轻柔，甚至气氛也比较暧昧，并不是很明朗的环境，应该不那么适合谈公事。但恰恰相反，放松的环境，近乎催眠的氛围让人的创造力得以发挥。所以，很多时候你太郑重其事，反而关上了灵感的大门。所以，很多时候人们败给的不是“认真”二字，而是败给了“太认真”三个字。

就像我的公众号，我都不希望太过于认真地去描述些什么。能表达出来，刚刚也能给你一些思考和启发，就足够了。

说到时间，有一项很有意思的研究：人的差别在于业余时间，而一个人的命运决定于晚上八点到十点之间。

几年前看过一篇文章，说的是一个日本女人看了这个报道，鬼使神差地就相信了。于是，人生就发生了改变。她利用这段时间上各种职业培训班，七年后生了三个娃，读到了博士后，婚姻事业都上了一个很好的平台。

我想这里的八点到十点指的是工作时间以外，相对独立和整块的真正属于自己的时间。可以根据你自身的情况，泛指某个这样的时间段。意思是好好利用这个黄金时间点，用于自我修炼，日积月累，聚沙成塔，终会有很大的收获。

经常听到很多人说，我没时间啊，我真的是分身乏术。

我的心理咨询对象绝大部分是学生。于是，周末咨询成了“抢手货”。当我提出周末没有时间，无疑有三分之二的咨询会被取消。是没有时间吗？是与学习相比，咨询会还没那么重要。

当然，当孩子的情况已经糟糕到出乎家长的想象时，所有的时间就都钻出来了。

这样的例子比比皆是。有位家长一直跟我说孩子学习压力大，情绪很不稳定，常常一个人哭泣或者一言不发，甚至有很多反常行为。通过一次咨询，我判断孩子已经不是简单的心理问题，而是有精神分裂症的前兆。我及时中止了这个咨询，并郑重地向家长提出要求，务必尽快带孩子去专业的精神科就诊。孩子的妈妈不断跟我解释，说孩子是毕业班的学生，肯定是这段时间学习压力太大了，才会有些反常行为。马上要高考了，等考试完再去系统地诊断一下，毕竟一两次咨询也解决不了问题。目前最重要的还是如何调整好孩子的状态，迎接高考。我实在听不下去了，怒问家长：如果孩子现在身体生病了，医生喊你住院，你会拒绝吗？你会不会第一时间就送孩子去就诊了，而不会在这里“讨价还价”。为什么身体上出问题我们可以请假可以搁置很多事情去治疗，精神上出现问题就可以一拖再拖呢？

我的愤怒让家长羞愧难当，并表示第一时间带孩子去诊治。然而她和她的孩子都没有时间。是的，也许她会觉得卖什么的才会吆喝什么，我肯定是有些小题大做了。当她回去以后，那份激动已经化为平静——再等等看。一直都这样，也不急这一时半会儿。还有两个月就高考了，等考完了再说。

故事的结局很悲惨，孩子的状态一直没有好转，好歹参加完高考，结果却非常不如意。更糟糕的是，孩子开始出现幻听幻视，当医生的诊断报告摆在家长面前的时候，家长整个人都懵了——重度精神分裂。这个时候，时间都出来了。——可是啊，千辛万苦“积攒”的时间却用来与这颗已经残损的心灵进行无休止的抗争。

不是没有时间，是觉得那件事还没那么重要，或者在我的心中还有更重要的事情要做。

金庸小说《神雕侠侣》中有这样一段描写让我印象很深刻，是说林朝英与王重阳的爱情。

“杨过拿起第一封信，抽出一看，念道：‘英妹如见：前日我师与鞑子于恶波冈交锋，中伏小败，折兵四百……’一路读下去，均是义军和金兵交战的军情。他连读几封，信中说的都是兵鼓金革之事，没一句涉及儿女私情。杨过叹道：‘这位重阳祖师固然是男儿汉大丈夫，一心只以军国为重，但寡情如此，无怪令祖师婆婆心冷了。’小龙女道：‘不！祖师婆婆收到这些信时是很欢喜的。’杨过奇道：‘你怎知道？’小龙女道：‘我自然不知，只是将心比心来推测罢啦。你瞧每一封信中所述军情都是十分艰难紧急，但重阳祖师在如此困厄之中，仍不忘给祖师婆婆写信，你说是不是心中对她念念不忘？’杨过点头道：‘不错，果真如此。’当下又拿起一封。”

想起恋爱中的男女，不知道每天为什么有那么多时间可以打电话，发短信。可是有一天，你打过去，他说，我忙；你想跟他说会话，他说我忙；你想一起出去吃饭逛街，他说我忙；你不明白了，为什么以前他就有那么多时间，现在工作也没发生什么变化，为什么他就那么忙呢？

时间去哪儿了？不是时间去哪儿了，而是心不在了。

不要再说你没时间看书，没时间健身；不要再说你没时间约某个朋友；不要再说你还有一大堆的事情要做——其实只是因为有比这个更重要的事情占用了你的时间。

心在哪儿，时间就在哪儿。

越问越智慧

三年前，我在资优生的课堂上提出了一个环节，叫“越问越智慧”。最初的灵感来源于两个故事。

杨澜在回忆她的主持生涯时说，她在美国留学时，刚刚开始做访谈节目，没有经验。第一次采访美国前国务卿基辛格博士，问的问题都是东一榔头，西一棒子的。比如问：“那时周总理请你吃北京烤鸭，你吃了几只啊?”“你一生处理了很多重大的外交事件，你最骄傲的是什么?”这类问题。后来在中美建交三十周年时，再次采访了基辛格博士，那时就知道再也不能问“吃了几只北京烤鸭”这类问题了。虽然只有大约半小时的采访时间，但是她把所有有关的资料都搜集了，从基辛格博士在哈佛当教授时的论文、演讲，到他的传记，有厚厚的一摞，还有七本书，都看完了。虽然采访只有 27 分钟，但非常有效。真是准备了一桶水，最后只用了一滴水。但是这些知识的储备，却能使自己在现场把握住问题的走向。记得杨澜问基辛格博士的最后一个问题是：“这是一个全球化的时代，有很多共赢和合作的机会，但也出现了宗教的、种族的、文化的强烈冲突，您认为我们这个世界到底往哪去？和平在多长时间内是有可能的?”一个提问的背后显示的是一个人知识的积累和认知水平的高低。

第二个故事是关于美国哈佛大学商学院的调查。据说商学院里有一个顶尖班级，这里的每一位学生都是社会的精英，有研究者就去采访和调研他们的个性特征，发觉他们的求知欲和好奇心都非常强烈。他们每天无一例外都像一个好奇宝宝不停地在发问——问司机，问邻居，问伴侣，问孩童，总之他们显示出了极大的热情和学习的欲望。

这两个故事深深地打动了我。作为一个老师，我们的学生每天被动或主动地回答着老师的各种提问，而我们备课也要精心设计提问，才能让学生在回答问题的过程中接收到你想要的信息。

提问是一项技术，提问是一门智慧，提问也是一种手段，如何才能得到最有价值的信息是人际交往中非常重要的方面。

我很激动，我想要我的学生也充满这样的技术和智慧，于是我提出每节课让他们提三个问，我来回答，半学期后学生来问，其他同学来回答。

事情进展得非常不顺利。当我跟同学们提出这样的要求时，他们都很诧异，我说明了缘由，看得出来他们被打动了，然而接着却是沉默。我微笑着等待，并告诉他们，我们要习惯沉思带来的寂静。终于有同学打破了这种寂静（首先要感谢这些有勇气和有爱心的同学。他们或许是真的想问，或许是真的想为老师解围，总要有人来破局嘛）。“老师，你的月工资是多少？”同学们都笑了。我说，既然你大发慈悲地提问了，我也就诚心诚意地回答你。同学们被我的真诚打动。继而又有同学问到年终奖和学校福利的问题。我说看来我们都有一颗“八卦”的心。越问越智慧，虽然有些提问没什么技术含量，但是孩子们敢问，就着实拉近了老师与他们的距离，课堂气氛异常活跃，为后面的课堂教育奠定了良好的情感基础。

还有一种提问，有些“高深莫测”。很多同学为了这个环节真是做足了准备，要跟老师“一决高下”。从天文、地理到社会热点问题，每一次提问都需要我像外交部发言人一样精准地表达我的观点并注意措辞。这让我局促不安，好多次我连问题都没听懂，我寻求其他同学的援助，他们也是满脸的疑惑，说道：“老师，别理他，他就是‘故作高深’”。场面很尴尬。有的时候我就在心里想：真是自己给自己挖了一个坑，我不是自认为能回答同学们很多的问题吗？殊不知，他们想了解的实在是太多太多了。这样也迫使我记下这些孩子的问题，查资料、做笔记，不断学习以应对这样的局面。久而久之，我发现我的阅读水平提高了，认知领域也扩大了不少，真是教学相长啊！谢谢这些“为难”我的学生们！在后来的一次提问中，我又遇到过类似的问题，但是我居然跨界地回答得很是巧妙，学生眼里满是崇拜，老师的进步他们也看在眼里。我在与他们分享的过程中，提到我课下做过的功课，我想“活到老，学到老”这个理念在他们面前真实地呈现出来。让自己活成一个图书馆，是一件多么炫酷的事情！

学生总是很能适应老师的。尤其是优等生。这个环节让他们开始思考如何提问，让回答问题的人愿意真正的交流且受益良多。接下来我发现孩子的问题开始转向心理学和教育学方面。这是我熟悉且擅长的领域，每次我都滔滔不绝地表达我的观点，我如鱼得水、驾轻就熟，学生们一定感受到了。原来良好的沟通不是自己说得多么漂亮，而是有能力激发别人说话的意愿，让别人说得更多。这是一种智慧，更是一种美德。

当然，后面还有很多惊喜。我开始引导孩子们的视角从关注外在到关注内在。渐渐地，同学们开始询问生活中遇到的困惑与迷惘、学业的紧张与麻木、目标的缺乏和人际交往等，用他们的话来说就是越来越接地气了。其实，这也是孩子们内心开始开放的表现。班级的接纳和同学的坦诚让他们有了安全感，一些比较私人的问题也开始在课堂上讨论，参与度和共鸣感很高。这个环节的意义越发明显，同学们开始享受、期待这个环节。我想，我的目的也达到了。

巴尔扎克曾经说过一句话："问号是开启任何一门科学的钥匙。"在纷繁复杂的世界，我们都是单纯的孩子。三毛说，成熟不是为了走向复杂，而是为了抵达天真。天真的人不代表没有见过世界的黑暗，恰恰因为见到过，才知道天真的好。让我们像孩子一样充满好奇地去勇敢发问吧，因为越问越智慧，越问越天真！

授人以渔

本周女儿和她的好朋友发生了一点矛盾，女儿居然动手打了对方。我很生气地批评了她。小姑娘在耐心地听完我的分析以后，很快就意识到自己的错误（或者说对朋友动手的一瞬间，就知道这样做是错的），我们一番“教导”后，她很快就去找好朋友道歉了。一切看起来都很顺利，没想到事情发生以后，女儿跟我提出：“妈妈，你也需要跟我道歉。”我很疑惑：我何错之有？她很真诚地跟我说：“我当时真的是气‘毛了’。可是妈妈，你没有教过我，当我‘毛了’的时候，该怎么做。”

我觉得女儿说得有几分道理。我们很多时候都是在孩子犯了错误之后进行批评教育，防止这样的错误以后再次出现，却很少提前跟孩子交代发生这些情况的时候该怎么做。比如，“控制情绪”“早恋”“网络成瘾”，这几个都是我们在咨询过程中的高频词。

控制情绪。

有研究表明，青少年犯罪98%属于激情犯罪，也就是属于一时兴起，控制不了，酿成大错，即所谓的“冲动是魔鬼”。我们在做调研的时候，发现绝大部分孩子都知道攻击别人这种行为是错误的，但是当怒火中烧的时候，他们是真的找不到比用暴力解决问题更好的方式。我曾经在一所工读学校做个心理咨询顾问。刚开始去的时候，我还有些忐忑，我以为这些孩子不是把头发染成各种颜色，就是耳朵上打几个洞，或者身上带着“青龙白虎”的文身，看人都是斜着眼睛，带着浓浓的怨恨和敌意（请原谅我的浅薄与傲慢）。但当我走进校园，看到这些孩子，基本上与校园里普普通通的孩子没什么区别。我咨询的第一个个案的学生叫小鱼儿，十四岁，看起来比一般的十四岁孩子还要矮小瘦弱，说话也是斯斯文文的，没有一点攻击性的样子。我很好奇，这样的一个孩子做了什么被送进了工读学校。小鱼儿告诉我，班上有个孩子经常喊他绰号，他不高兴，警告了对方很多次，对方不以为然。一次下课后，这个同学又在班上大声喊叫，其他同学也跟着起哄。他说：“他也不知道那天为什么就没忍住，抓起桌上的圆规就给这个同学抡了过去。结果不幸的是，这位同学面部缝了三十多针，关键是一只眼珠子被戳爆了。”我惊得目瞪口呆，我问他：“你后悔吗?”他耷拉着脑袋，说：“后悔。”我接着问：“如果回到当时，你还会那样做吗?”他的回答是：“我不确定。因为我当时真的是太愤怒了，什么都想不起来了。”人就是这样，天使与魔鬼并存，我们很多人其实不是不知道有些事是不对的，我们只是没有习得处理问题的能力。

我们绝大部分家长在孩子因为情绪问题闯祸以后，往往都是指责孩子，然后要求道歉，并让其表态：下次还会这样做吗？一般的情景都是孩子信誓旦旦地回答，再也不这样了。可是，你会发现，同样的情景再次发生时，同样的结果还是会再次出现。于是，你就会抓狂，上升到道德层面：你这个孩子就是这样，我们跟你说了无数次了，你就是屡教不改！其实，孩子当时的承诺是真实的，但是他这次的无能为力也是真实的。

授人以鱼，不如授人以渔。

我们需要在处理此类问题的时候，多加一个环节——下次遇到同样的情景，我们应该怎么做。来，我们练习一下。是的，能力是需要锻炼的。

再来说说早恋。

这是让很多家长头痛的问题。如果孩子出现早恋的苗头或者就是你坐实了他在早恋，我们家长会怎么做呢？除了苦口婆心地规劝，让他意识到他此刻的感情不见得就是爱情，也许仅仅就是彼此的好感，甚至是青春期荷尔蒙催生的产物，然后开始无休止地灌输早恋的一切可怕的后果，除此以外，基本上很多家长都无能为力，在一旁干着急。而孩子呢？一方面，不该产生的情感也产生了；另一方面，这种情感不被允许和祝福也倍感压力，所以很多时候早恋都是背着家长和老师，玩着猫捉老鼠的游戏。少数家长在接纳事实的基础上，教孩子如何“恋爱”。其实这是很重要的一节课。与其细数“早恋”的种种弊端，不如教他如何“恋爱”。今天很多成年人结婚又离婚，年轻人恋爱又失恋，其实很大程度都是不懂如何去爱，如何去相处。这是我们成长的必修课。

近三年，高三学生毕业后，我都会给他们开两场公益讲座——一场是职业规划，一场就是关于爱情。我记得关于爱情这节课，我的开场白就是：“同学们，我们花了十二年的时间与分数打交道，今天我们来学习与人打交道。其中，最考验水平的就是爱情，或者叫两性关系。爱情很美好，就像大海，你在里面淹死了，不要怪大海，是因为你技术不好。”同学们哈哈大笑。我继续道：“我知道这么多年很多同学都在试图‘自学成才’，但结果却有好有坏，就像很多事业开启之前都需要岗前培训一样，今天我们来学习，便于将来‘持证上岗’……同学们纷纷表示，这是他们十二年来最想听到的、收获最大的一节课。”（此处默许我得意地一笑。）

告诉别人方法比告诉别人不要去怎么做更好。我们都认为否定之否定就是肯定，其实直截了当教授一些能够获得未来幸福人生的方法，远比永远当个消防队员要好，也更有效、更有力。

再比如网络成瘾。

我个人接触网络成瘾这类孩子较多，深知这类孩子的统一表征就是：懒惰成性、推卸责任、没有目标和未来、社会化功能退化，且情感淡漠或者说情绪暴躁。在游戏面前，“顺我者昌，逆我者亡”。家长极其痛苦和无助。可是每当他们向我寻求帮助的时候，我的内心都极其复杂。第一，这是一个庞大的系统工程。网络成瘾对一个人的内心建设是毁灭性的打击。基本上单靠心理咨询很难修复，且周期较长，家长的急功近利和孩子的不配合，很难实现自我重建。第二，是谁让孩子网络成瘾？要网络成瘾，得打多少游戏才能达到这种程度，这背后是一个多么失控和无奈的家庭教育？没有支持系统，单靠我们的心理咨询，势单力薄，不能形成闭环。所以，对这样的个案，没有家长的开悟和改变，效果微乎其微。

我还记得一个网络成瘾的孩子，已经几个月不到学校上课了。整日过着昼伏夜出的生活，胡子拉碴，面黄肌瘦。（不夸张地说，同吸毒的人差不了太多。）我问他，你开心吗？他说不开心，打游戏其实一点意思都没有。但是，老师，不打游戏，我又干什么呢？如果你能告诉我一个能取代游戏的方法，我也不想打。我觉得他说的是真话。如果在他刚刚接触游戏的时候，我们家长不是一味地告诉他游戏打不得，而是告诉他打游戏的正确方法，控制打游戏的时间，然后培养他的兴趣爱好，用成就来取代游戏带来的感观刺激，情况就会不一样。

美国芝加哥大学心理学教授发现：当人们在专心致志地、积极地参与某种活动时，忘记了时间的时候，他们感到最为愉快和满足。这种忘我的状态我们称之为“flow”，很多心理学家把它称为“心流体验”。彭凯平教授直接把它翻译成“福流”。那人们在什么时候能够感受到福流呢？人们在什么时候才可能有心流体验呢？在工作中还是在娱乐中？大多数人都会不假思索地回答，不工作（不学习）的时候就是幸福的。然而，研究者发现事实并非如此。米哈里·契克森米哈赖指出，心流体验更多地发生在工作中，而不是娱乐中。其原因之一就是，工作可以为我们提供有能力、有成就和充实的感觉。

真正的学霸是不屑于打游戏的，因为学习本身就让他甘之如饴；工作中有那么多的拼命三郎，是因为工作让他们乐此不疲；有一丁点时间我都要挤出来更新公众号，是因为传播与表达让我充满快乐。试想想，我们眼里只有学习这件事，而孩子在学习中又没有体验到福流，而游戏恰恰给了他这种感觉，你说他内心的天平往哪边倾斜？

所以，我一直觉得，不是孩子迷上了网络游戏，而是我们没有给予他们真正开启快乐的钥匙。

韩愈在《师说》中写道：“古之学者必有师，师者，所以传道受业解惑也。人非生而知之者，孰能无惑？”

苏霍姆林斯基说过：“如果一个人没有遇到好老师的话，他就可能是一个潜在的罪犯；如果一个人能够遇到一个好老师，他再坏也坏不到哪里去。”

这两句话我长记心间，丝毫不敢懈怠。作为孩子第一任老师的父母，我们更需要教育的智慧，打破陈旧的心智模式，甚至重装教育系统，去授人以渔，点一盏心灯，照亮孩子前进的路！

有些志是“励”不起来的

假期里，总有一些孩子让父母揪心——睡到自然醒，手机不离身，学习“磨洋工”，不是躺在床上或“瘫”在沙发里就是终日“宅”在家里，问其有什么样的安排和打算，淡然地回答：不知道。我们称这样的少年为“佛系少年”。

请允许我借助百度的力量为大家科普一下什么是佛系。“佛系”一词最早来源于日本，2014 年，日本某杂志介绍最近流行的一种男性新品种——佛系男子。他们外表看上去和普通人一样，但内心往往具有以下特点：自己的兴趣爱好永远都放在第一位，基本上所有的事情都想按照自己喜欢的方式和节奏去做。

“佛系少年”跟宗教没有任何关系，就是借这个符号，讲一种怎么都行、不大走心、无所谓的活法。“佛系少年”常用语句：“都行”“可以”“随它去”“没关系”……他们遇事淡定，内心无甚波澜，一副云淡风轻的样子。

2017 年 12 月，“佛系少年”词条刷遍朋友圈，火遍网络。

如果家有这样的“佛系少年”，做家长的往往定力不够，很难做到顺其自然，“无为而治”。所以，这个假期也不乏很多的家长年都没过好，焦头烂额地问我，孩子缺乏目标啊，缺乏动力啊，人生无欲无求啊——事业还未开始，人生已然无趣。每每遇到这样的家长求诉，我就知道他们希望我可以秒变励志大师，捧上一碗热气腾腾的鸡汤，孩子喝下立刻变成战斗圣佛，雄赳赳气昂昂奔赴学习的战场。

其实，往往这个时候，我也很想佛系一点——一切随缘吧。

因为，励志是一门科学，不是一门玄学。

美国著名的心理学家罗伊·鲍迈斯特和著名畅销书约翰·蒂尔尼合著了一本叫《意志力》的书。他们曾经对三十多种品质进行了统计，发现其中绝大多数对学习成绩几乎没有影响。而真正能左右成绩的品质只有一个——自控。

能管住自己，该上课的时候就去上课，该写作业就去写作业，多学习少玩游戏，这个品质就是学业成功的秘密之一。相关统计表明，想要预测一个学生的学业成绩，自控能力甚至是比智商和入学成绩更好的指标。

不但学生如此，在职场上也是自控能力强的人更受欢迎。他们不仅工作干得好，而且更善于控制自己的感情，更能从别人的角度思考问题，更不容易出现偏执和抑郁之类的心理疾病。

这些结论不是从名人传记中得出的，而是大规模统计的结果。

所以，根据这样的结果我们再来看“佛系少年”，所谓无欲无求的人生，无外乎是对人生和自我缺乏把控的能力，转而为学习不走心，不追求上进而已。那么如何提高自控能力呢？读史明志？或者看一场让人热血喷涌的电影？这些传统智慧并没有科学根据。而一些比较现代的心灵鸡汤式的建议，比如多想一些高兴的事来获得正能量，或者态度决定一切的理论说教，本质上都是用自我暗示的办法调节情绪，对提高意志力等心理素质其实没什么太大的作用。

在此笔者提出两个知识性问题：第一，几乎全国的心理学专业，大都只招收理科生。第二，全国比较好的心理学专业，设在师范大学。这是为什么？

北京师范大学心理学教授刘嘉的答案是：第一，心理学是一门硬科学——心理学专业的学生，需要结合神经生物学、计算机科学、数学等领域的知识，基于大量的实验数据分析、访谈调查、大脑核磁共振扫描等方式来进行研究。这就是心理学专业只招收理科生的原因。第二，全国最好的心理学专业，之所以设在师范大学，是因为儿童、青少年的成长和教育是心理学极为重要的研究领域之一。这个子领域称之为发展与教育心理学。

达尔文说，科学就是整理事实，从中发现规律，得出结论。亲爱的朋友，让我们每个人多一些科学研究的精神，多一些遵循规律的方法，毕竟有些志是“励”不起来的，它更像是肌肉需要反复锻炼才能强壮起来一样。

是时候换个角度看问题

要问一个心理老师，遇到最多的是什么？我可以毫不犹豫地告诉你——问题，问题，各种各样的问题。

三年前，我受学校领导的委托，与全校班主任一起分享“我校中学生常见的心理问题”研究。这是一个命题作文，领导希望我从大量的心理咨询个案中归纳整理出我校学生常见的心理问题，并与班主任老师沟通，以便于班主任老师能够做到心中有数。我梳理近几年心理咨询的记录形成了一份长达 48 页的问题清单，涉及学习、情绪、人际、性格、性心理五大方面共计 48 个问题。看着这份长长的问题清单，我有两个感慨：一是“路漫漫其修远兮”，当老师难，当班主任更难，当心理老师更是难上加难；二是“拔剑四顾心茫然”，很多时候一些家长着急地对我们说，不用分析那么多的前因后果，你就告诉我们怎么做就可以了。这就尴尬了，再多的锦囊妙计也赶不上花样百出的问题涌现。

有这种担忧和思考的又何止我一人？整个心理学界都面临这样的尴尬。

这也许是一个心理疾病流行的时代：抑郁、焦虑、恐惧三大问题离你并不远。如果摆上各种关于心理障碍的统计数字，或许，会让你进一步悲观。为什么人类进入信息时代之后，各类心理疾病层出不穷呢？不仅仅是你关心这个问题，研究人类心理行为的心理学家们，更是致力于此。他们取得了令人瞩目的成就——关于人类的种种心理疾病，目前已经有 14 大类可以明确得到治疗。

然而，我们的心理学家们只能做这些吗？我们的教育工作者也只能像心理医师们一样不断地挖空心思去当“消防队员”吗？

基于一个朴素的哲学思考：没有疾病并不等于健康，没有问题并不意味着足够好。以马丁·塞林格曼为核心的积极心理学创始人进行了一次富有创意的逆向思维：我们心理学家为什么一定要将精力花在心理疾病上呢？当他们几位检索从 1887—2000 年以来所有的重要的心理学文献后大吃一惊：关于焦虑的论文有57 800篇，关于抑郁的有70 856篇，而提及欢乐的仅有 851 篇，关于幸福的有2 958篇，关注抑郁、焦虑、恐惧等消极情绪的论文居然出现了 14 篇，才会出现 1 篇关注快乐、幸福等积极情绪的论文。可以说，我们对问题的关注要比对幸福的关注多得多！从 2000 年开始，马丁·塞林格曼联合全世界精英心理学家，发起了方兴积极心理学运动：关注如何发挥人类的优势和能力，帮助人们扩大和建立积极情绪。

这真是一场革命性的理念变革，驱散黑暗的最好方法是带来光明。

今天的心理咨询越来越像是帮助人们升学、找工作和达到成功的一种工具。斗智斗勇，用尽浑身解数解决问题。我个人认为，教育在今天不仅仅只是充当反愚昧、解决问题、改正缺点的武器，它在某种程度上更是为了使今天的世界和民众的生活变得更幸福，并为未来的世界幸福做好准备。但目前世界上绝大多数的教育者还在把自己的全部注意力或者绝大部分注意力放在应对学生各种外显或潜在的问题上，并以病理学的范式来对待这些问题。在这样的教育理念指导下，教师对待学生就像医生对待病人一样，把自己的工作重心全部放在了解决学生所存在的各种问题上。这种失去了平衡的“类医学”式的教育导致的直接后果是，大量的学生存在抑郁情绪，悲观变得流行，学生的生活满意度普遍较低，而且学生许多正常的积极功能受到极大的限制。

如果说积极心理学提供的视角是让我们不要一味地只关注问题，那我们应该关注什么呢？

积极的心理品质。

我们很多时候知道学生的哪些方面是不好的，却未必明确我们要培养哪些好的方面，就像心理学界一直有自己的问题标准，即《精神疾病诊断与统计手段》（*The Diagnostic and Statistical Manual of Mental Disonters*，简称 DSM）。也就是说，一个人是不是有心理问题，只要按照 DSM 上所列举的标准进行核对，如果符合了，你就是有心理问题的人。所以，从本质上来说，DSM 其实就是“问题人格”所具有的品质的集合。我也看过我们很多老师的个案集，集结在一起就是一个解决问题学生的实用宝典。马丁·塞林格曼等心理学家一直认为，积极心理学应该建立一个“积极人格”所具有的品质的集合。这就是著名的积极人格的 6 大美德和 24 项品格力量（见表 1）。

表1　6大美德和24项品格力量

美德	品格力量
智慧	创造力、好奇心、开明、好学、洞察力
勇气	诚实、勇敢、坚持、热情
仁慈	善良、爱、善于交际
公正	公平、领导才能、合作
克制	宽恕、谦虚、谨慎、自我调节
超越	鉴赏、感恩、希望、幽默、笃信

积极的力量让幸福可以永恒。积极心理学的目标是催化心理学从只关注修复生命中的问题到同时致力建立生命中的美好品质。

——马丁·塞林格曼

我对此的解读是我们教育的重心应该研究人内心所存在的积极力量，只有人所固有的积极力量得到培育和增长，人性的消极面才能被抑制或消除。

问题的预防比治疗更重要。

每个人在其一生中都可能患上感冒，一旦你患了感冒，即使吃最好的药，病也不可能一下子就痊愈，而是需要一个过程。实际上，痊愈最重要的因素还在于自身免疫系统的功能。

解决问题的核心应该是帮助对象在不良心理状态下发挥正常的心理功能，而不应该把重点放在消除其不良心理状态上。

甲型 H1N1 流感病毒疫苗的研制过程可能会对我们有些启发。借助显微镜，人们发现甲型 H1N1 流感病毒就像是个带刺的球，球上布满了触角，这些触角是血凝素蛋白质（H1）和神经氨酸酶（N1），正是这些 H1 和 N1 蛋白质会诱发人体免疫系统的细胞对它进行攻击，所以人们把它们称为“抗原”。因此，制作甲型 H1N1 流感疫苗，就是先将 H1N1 流感病毒杀死，并将它分裂，再收集那些触角 H1 和 N1，也包括一些其他无害的蛋白质。当把这些无害的触角 H1 和 N1 注射到人体内后，人体的免疫系统便会对它们发起攻击，并将它们吞噬。自此以后，人们就会识别这一新病毒，当外在具有活性的甲型 H1N1 流感病毒再侵入人体之后，人体的免疫系统就会很快对它进行识别，并把它们消灭。这样，人类就能预防甲型 H1N1 流感了。

现在你也许有点了解心理预防的机制了。这就是说，教育工作者要时常对儿童进行心理拓展训练，预先在他们的心里种下各种心理疾病的“抗原”，这些接受“抗原”的儿童就能有效地预防心理问题的出现。而人本身积极的品质和力量就是最好的“抗原”。不过积极心理学也认为，光是在心里种下“抗原”还不够，人们还应该不断提高自己的心理免疫系统的功能，而这主要是通过培养个体的积极品质和积极力量来实现的。

亲爱的朋友，当你和你的孩子走进心理咨询室，请不要光奔着解决问题的目标而来，也许培育出积极的品质和向上的力量才是最根本的。

感谢积极心理学让教育变得更科学，同时也充满了快乐。对于教育者而言，真正的教育基础来源于对学生自身所拥有的积极力量的识别和运用，来源于你对生活意义的理解和追求。

幸福比成功更重要

上周我们的家长分享会，有个颇有意思的环节：问家长更喜欢下列人物中的哪一个。

A. 男生：十八岁考入北京大学物理系，本科毕业后进入美国爱荷华大学物理与天文系攻读研究生。二十八岁通过答辩获得博士学位……

B. 男生：贫寒农家子弟，以优异的成绩考入省级重点高中，高中期间成绩优异，被评为省级三好学生，获全国物理、奥数竞赛二等奖，后考入省属重点大学攻读生物技术专业……

C. 男生：初中体育成绩优异，凭借长跑特长，进入重点高中，高一时七门功课不及格，从学校退学……

D. 女生：七岁父母离异，随母亲生活，成绩优异，组织能力强，顺利升入省级重点高中，从初中起担任班长，一直到高中毕业，高中学校辩论赛最佳辩手，省级优秀学生干部，与同学和老师关系融洽，考入香港科技大学……

E. 男生：四岁入选申奥形象大使；四岁学习钢琴，师从中央音乐学院著名钢琴教授韩剑明；八岁学习书法，师从清华大学方志文；获奖无数，十岁加入国家冰球队，后读人大附中并留学美国……

F. 男生：学习成绩优秀，尤爱英语，高考时以780多分的高分考入某著名大学。在大学期间担任学生会学术部部长，科研能力惊人，发表论文数量远超一般大学生，在大学学习期间得过“第一三共医学药奖学金”。因成绩优异被推免试进入另一所著名大学医学院攻读研究生。

大家莞尔一笑。这还用说吗？除了C君以外，其余都可以接受——多省心的孩子啊。我追问，如果你觉得你的孩子是这样的成长轨迹，是不是很满足。“那当然啰！”大家齐声答道。我们的家长都很诚实。我们的骨子里都希望自己的孩子成绩优秀，一路顺风顺水，我们也一直为他们这样的人生努力着。

最近网络上的一段对话和一张图片刷爆了朋友圈。

A妈：一写作业尿尿，拉屎，喝水，肚子不舒服，腿让蚊子咬了，各种事情分分钟想揍他。

B妈：我是老师，我也是妈。总感觉没教过比我儿子更蠢的学生，没办法，气急了就揍一顿。

C妈：二宝两个月，我不敢去辅导大宝，我会回奶的！

D妈：陪儿子写作业到五年级，然后心梗住院了，做了两个支架。想来想去命重要，作业什么的随其自然吧。

E妈：婚前是淑女大声说活都不会，现在瞬间就是泼妇一般，每次写作业声音都能吼劈叉……他爸爸说，你起来，五分钟后比我还大声，我俩只能互相中场休息，告诉自己耐心、耐心、温和、温柔。

F妈：儿子语文课都要读课文五遍并签字，有次我在看书他在读课文，前面读的哈没记住就听见：秋天来了，挂花开了……

我一愣问啥花开了？他说挂花！我火一蹿，大吼：挂花？挂哪呢花？他弱弱的说挂树上……我没忍住——

教育好孩子，我得读些啥书了？

下面据说是专业的建议

第一阶段

《亲密育儿百科》

《孩子你慢慢来》

《让孩子做主》

第二阶段

《莫生气》

《佛经》

《老子》

《论持久战》

第三阶段

《心脏病的预防与防治》

《高血压降压宝典》

《强迫症的自我恢复》

第四阶段

《活着》

大家除彼此揶揄一番外，相信其中的一些场景必定感同身受。我们的家长在调侃着陪娃的辛苦之时，教育的主体我们的孩子难道就轻松吗？教育在今天为什么大家都身心俱疲？我们在疲于奔命的时候，是否也该停下来思考一下：我们到底要培养什么样的孩子？什么样的教育对孩子才是最好的？我们为之努力的目的地是不是就是孩子想要到达的地方？

现在我们说说刚才提到的诸君。

A 君 1991 年 11 月 1 日就读于美国爱荷华大学的中国博士留学生，开枪射杀了三位教授和副校长以及一位和他同时获得博士学位的中国留学生，在枪杀五人之后，他随即当场饮弹自尽。该事件在当时曾震惊中美两国，也引起了一场关于中国教育弊端的讨论。

B 君因不能正确处理人际关系，因琐事与同学积怨，即产生报复杀人的恶念，并经周密策划和准备后，先后将四名同学残忍杀害。2004 年 6 月 17 日被依法执行死刑。

D 君是我几年前的一个学生。一路成长都很优秀，且表面上看起来都是顺风顺水的，完全按照她想要的样子进行着。这个孩子非常追求完美，在本科学习期间很努力，考取了国内顶尖学校的研究生，就在研究生三年级那年，她退学了，因为厌食症。

E 君从小读名校，拜名师，因与人斗殴，又因涉嫌轮奸案被刑事拘留，判处有期徒刑十年。被网络戏称“四大坑爹之首”。

F 君是 2013 年震惊全国的复旦投毒案罪犯。“感谢同学不杀之恩”，网络用语因此而蹿红，这个高学历、高智商的名校学生将罪恶之手伸向了自己的室友，也将自己推向了万劫不复的深渊。2015 年被依法执行死刑。

而不被大家看好的 C 君。留级后再次挂科七门并于高一退学 。退学前，老师们问 C 君：你退学了，以后拿什么养活自己？“稿费啊！” C 君说。他的回答引来一片笑声。后来 C 君出版首部长篇小说创畅销纪录。2010 年被美国《时代周刊》评选为“全球最具影响力一百人”。

当然这些都是个案，我们无意用这些极端的例子来证明读书无用论，或者高智商低情商之类的论调。我只是想说，我们在定义优秀的时候，是不是太局限于成绩的优秀，而忽略了其他最本质的东西，比如修养、品格、德性。

道理我们都懂，可在具体实施中，我们花了大量的力气去追求高分、高学历。在现行教育的今天，我们应该理直气壮地追求分数，但是以牺牲孩子的健康、扼杀孩子的天性、扭曲其人格来追求高分，是我们所不齿的，也是我们对孩子犯下的罪。

我曾经做过一个调查：你打过孩子吗？参与问卷的 300 个家长有 83.00％表示打过。其中高达 95.73％打孩子的原因是被老师请家长、作业没完成、玩手机不做作业或成绩下降等学习问题。究其原因，始作俑者还是学习，是分数。我一直主张没有惩戒的教育是不完整的，但是我想说的是作为家长，惩戒高达 95.73％以上是因为学习，那我想我们的关注点是不是也出了一些问题。

我们的世界是我们注意到的世界。你关注更多的是分数，是学习，当然你们之间的矛盾爆发点也更多在这一块。有些亲子矛盾很深，有些孩子根本感受不到父母对自己的爱，他觉得父母高兴是因为自己考得好，不高兴是因为自己考差了，丢了父母的脸——父母爱的是分数，不是自己。

听起来很荒谬，这确实是一些孩子的心声。

我在一次课上讲人际创伤问题。有一个高一的男生站起来说，他这次月考考得很差，他回到家，爸爸妈妈做了一大桌好吃的等着他。吃了饭，父亲很温和地把他叫到书房，把这次的月考试卷子逐一给他讲了一遍。他五十多岁的父亲为了孩子，花了几个晚上把这次的月考试卷做了一遍，还在孩子错误的地方做了特别的标记。孩子看着两鬓斑白的父亲，书桌上堆砌的各种教辅书籍，一种不可名状的情绪涌上心头。他是该感恩还是该感动呢？都没有。他在课堂上咆哮：你们知道吗？我不需要这些！其实我考差了，我也难过，你们抱抱我就好了，为什么一定要用学习把我们捆绑在一起。我要的就是一个拥抱！你们爱的是我，还是分数？

我还记得一个四年级的孩子到我这来咨询，她有着瘦弱的身体和超乎她年龄的稳重。我问她，你开心吗？她似乎听到了一个很奇怪的问题，反问我：老师，什么是开心？开心重要吗？不是分数更重要吗？她离开家乡来到成都一个培训机构进行全日制的补课。每天进行八个小时的一对一学习，没有朋友，没有任何社交活动，也不喜欢出去玩。她妈妈辞了老家的工作，这一年就这样陪着她来上课。她说妈妈说的，现在小升初太辛苦了，她必须“四升五”进某所名校，这样她小升初的压力就没那么大。她的妈妈说的时候也是一副无可奈何的样子：老师，没办法啊，这不是为了孩子的将来好嘛。孩子这个时候冷笑了一下，说，我一开始就不想来，是你们非要我来。我一个人在这个地方，每天都是做题做题，除了学习，我什么都没有。你说为了我好，我每天晚上都躲在被窝里哭，你知道吗？你就说我不坚强，不能吃苦。我就不明白我这样到外地求学就叫吃苦，就叫坚强？我那么求你，我们回家吧，我一定好好学习，在老家我也可以考上好的大学，可是你每天照样把我带到这个鬼地方，那么坚决，那么无情，我哭着喊着的时候，你扭头就走，头也不回。看着你的背影，我就发誓说：“我恨你，我这辈子都不会原谅你！”

这就是我们的爱吗？我们到底在追求什么样的教育？我们到底希望这样的教育还给我们怎么样的一个孩子？

一个读高三的男孩跟我说，高三了，大家都在拼命努力，而我突然找不到学习的动力了。老师，你说，我们读书到底是为了什么？为了考上一个好大学，找个好工作，娶个好老婆，生个娃。为了啥？生了娃，读奥数，考名校，找个好工作，娶个好老婆，生个娃，读奥数，考名校……这有意思吗？

这个时候一定有一个声音在说："我们也不想这样啊。可是要考试的嘛。国家就是用这个来选拔人才，心态再好有什么用，又不考。"我想说，我从来没有想把学业和成长对立起来，相反，事实证明两者是正相关的。我想我们在拼命强调分数和成绩的时候，换个思维角度，我们培养他们的自信心，呵护他们的好奇心和求知欲，我们培养创新精神、责任感和坚毅品质，让其做一个有温度善于思考的孩子，这样的孩子分数会低吗？即使暂时分数上不占优势，扪心自问，有这样品质和力量的孩子他的未来会差到哪去呢？

今天是一个强调成功的时代，而成功有很多世俗的定义，有很多物化的标准。我们需要用穷其一生的热情去追逐它。而幸福不同，当我们的能力刚刚能匹配我们的欲望时，幸福就简单很多。

于我而言，还是幸福比成功重要吧，或者幸福本身就是最大的成功。如果你也和我有同感，那么当你的宝贝背着沉重的书包回到家的时候，请不要张口就问：作业做完了吗？而是张开双臂，报以真诚的微笑——孩子，今天，你过得开心吗？

为什么一定要进好学校？

最近我的微信朋友圈有这样一篇文章很火，“为什么一定要去好学校？”这个孩子把话挑明了，残酷却真实，很多老师和家长纷纷转载，对于此观点大加赞赏。

文章的大意是说一个女孩因为一个“浅薄”的原因通过初三一年的努力进了一所好学校，进而与学霸为伍，逆袭成功的故事。

文章给我们展示了“谈笑有鸿儒，往来无白丁”的清雅画风：学霸学得认真，玩得高级，连打架都会顾及他人，有极强的公民修养和君子风度。在这样的环境下，女孩自然受到了震撼和熏陶，继而奋勇直追。文章结尾说道：没有比较就没有伤害，不过也正是有了比较，有了身边一些“牛人”的鞭策，才逼出了自己的精彩！亲爱的孩子们，希望你们能懂得，人生最大的幸运，就是能遇到一些“牛人”，然后借由他们，逼出自己的精彩人生！

看到了，我们家长有没有一种强烈的欲望千方百计让孩子进好学校，我们的孩子有没有热血涌动一定要考进好学校，来一场酣畅淋漓的巅峰对决？

文章只不过讲了一个古往今来的“近朱则赤，近墨则黑”的道理，只不过加上今天的时代背景，对于苦苦求学的家长和孩子而言，适时捧上了一碗热气腾腾的鸡汤。

我今天来谈谈这些“好”学校和“好”同学。

有个男孩，和这篇微文中女孩一样，慕名那所赫赫有名的高中，于是初三马力全开，终于如愿以偿，考进了它的实验班。那是怎样的一种荣耀啊！那个暑假他的父母都以他为傲，他的亲戚用来教育后来者都说，你看哥哥多能干，考上了那么有名的学校，等于是一只脚已经跨进了重点大学的校门。是的，他去了实验班，置身于传说中的“牛娃”当中。第一次考试，垫底，第二次考试垫底，第三次考试还是垫底……文中说，“没有比较就没有伤害，不过也正是有了比较，有了身边一些‘牛人’的鞭策，才逼出了自己的精彩人生”。无数次“牛人”的鞭策是有了，但逼出的不是精彩，而是抑郁、自卑，甚至是深深的愤恨。你可能会说不能怪别人优秀，是他抗压能力太差了。是的，我想说，如果你是他，每次都拼尽全力去学，但每次考试都垫底，那是怎样的一种心情？每次都垫底的时候，父母就说，你看某某，人家考进去的时候还不如你，你就是不努力才这样的。鬼才知道，他有多努力了，但是结果却无情地摆在那里。三年了，三年班上倒数，这三年他内心的煎熬你能理解吗？你说他抗压能力差，我想如果你是他，也不见得能做快乐的尾巴吧？

没有逼出精彩，只有无尽的自卑和懦弱。

几年前，还有个女孩高考后来见我，非要约在学校外的咖啡厅，打死都不进校园来，我问及原因，她眼圈就红了——我不想进去，那里全是我的眼泪……这里的青春与风月无关，有的是岁岁年年的愁绪，如野火烧尽，春风又生。

你会说，你说的那都是个案。怪只能怪这些孩子自己太脆弱，没有把压力变成动力，没有知耻而后勇、厚积而薄发。我们太崇尚励志逆袭的故事了，仿佛每个人都可以创造这样的奇迹。这些“唯努力至上论”听起来都很有道理，仔细一推敲，其实很没有人情味。看这篇微文的大多数都是学生家长，我们每个人活到今天的年龄，我想我们不得不承认，这个世界上不是所有的问题都可以靠努力就能解决。

我想起美国第四十任总统罗纳德·里根生前最喜欢的一个故事：

一位父亲有一对五六岁大的双胞胎儿子。两个孩子的性格南辕北辙，一个过于乐观，一个过于悲观。父亲将这两个孩子带去看心理治疗师，希望能改善他们的情况。

心理治疗师将过于悲观的小孩带到一个装满了各式各样玩具的房间，让他尽情地玩，希望能使他快乐一点。不久，父亲和心理治疗师打开了房间的门，却看到悲观的小孩虽然满手玩具，但仍然是哭红了眼睛。问他为什么难过，小男孩回答：“我怕有人偷走这些玩具。”

心理治疗师接着把过于乐观的小孩送进一个堆有马粪的房间，希望能帮他调整个性。不久，心理治疗师和父亲打开房门，以为会看到一个愁容满面的小孩，却看到他坐在马粪堆上，拼命往下挖掘，非常兴奋。问他为什么如此高兴，小男孩说：“有马粪就表示一定有小马，我要找到这匹小马。”

这就是每个人对人对事的解释风格。有的是气质型的悲观，这是跟遗传基因有关系的，很难改变。除此以外，我们的解释风格还是可以通过后天的学习而改变的。比如，培养成长型心智模式，拒绝僵化型心智模式，有针对性地训练、加强。可是在分数大行其道的今天，这样的教育又有多少呢？好多学生又从中做了哪些刻意练习呢？如果没有，那种先天的乐天派在“牛人”的世界里真可以爆发无限的可能，而悲观气质的孩子放进那样的“好”环境是不是有种壮士一去兮不复返的悲壮？

所以，所谓的好与坏，都是甲之蜜糖，乙之砒霜。

好了，说来说去，你懂了，其实人要富有，无外乎适合，找到适合自己的生活方式；人要幸福，只要我们的目标在我们力所能及的范围之内。

你会说别人提到的积极向上的氛围多好啊，在那样的环境下生活和学习难道不多多少少受到影响吗？我想话应该分两头说。比如，文中说到跟学霸们打篮球会一起研究战术，研究技巧，研究每个人的强项，力争把每个人的能量都发挥到最大。这真是一般人难以企及的高度。这是一种情况，但我还想说，一些所谓的好学校其实还有一种现象叫作——“打篮球，呵呵，你们开心就好。”运动会，平行班喊破了喉咙在烈日下为运动健儿们呐喊助威，精品班这边寥寥几人，早早地就被淘汰了，因为运动员也是班主任做了好久工作拉来的“壮丁”，所谓的啦啦队在进球的时候才会抬起头看上两眼，其余的时间他们在——做作业！是的，我没说错，他们真的在——做作业。临近比赛快要结束的时候，班主任不耐烦地挥挥手，说：“回去了，回去了，待会还要周练习。”学霸们如释重负地逃难般散去，他们怎么也不明白隔壁那个“差班”为一场球赛在那里歇斯底里是为哪般，他们的表情都写着“尽做些莫名堂的事”。本书中《写给你的情书》一文提到的那个给学习坚持写情书的男孩，体育非常好，但是在他们学校的“好”班，老师每次都批评他心思没用到学习上，以至于很多次比赛他都没有资格参加，理由是学习成绩太差。

还有文中说学霸也会打架，但是在情绪激动的时候还会顾及他人感受，害怕殃及无辜。但我想说还有一种情况，学霸们彬彬有礼，“君子之交淡如水”，读了三年，也许你才发现你们之间总共没有说上十句话。有个实验班的学生在总结他的高中三年集体生活的时候说，就是一群人交了钱去听了很多场讲座，然后各回各家各找各妈。其实这还算好的呢。有个同学有个学霸朋友，一脸真诚地对他说：我劝你这套试卷最后两道题你就果断放弃吧。我都做了四十分钟，你的智商根本承受不起。他很想大声对学霸吼道：谢谢你的提醒！热血上涌时，瞄一眼别人试卷上骄傲的分数，自己一脸死灰，认“怂”地坐了下去。没错，谁叫自己成绩比别人差一大截。人家有的是底气说这样的话。

所以你大概了解，任何事情都有两面性，我们不能只看到灿烂的阳光，而不见被阳光拉长的影子。我想提醒大家的是，什么叫做好学校？如果只靠分数进行选拔，把一群应试教育下的佼佼者聚在一起，只重视知识教育，缺乏公民教育、生活教育、人性教育的话，我想这不是“好学校”，在这种环境中成长的学生，独立性、自信心、责任心、关爱心，都经不起考验。

为什么一定要进好学校？有人在大肆抛出此观点的时候，请大家理性判断一下什么叫做好学校，我们的孩子适合什么样的学校。因为很多时候，“努力”并不是最重要的，“方向”才是最重要的。

老师，你换的不是座位！

大家还记得那位为学习写情书的男孩吗？大家觉得怎么样？总之，我觉得作为一个初三的孩子，写得还是很不错的。我今天不是想推他的文章，而是想讲他这一周发生的故事。

我们叫他小天吧。

小天长得很高，很帅气，人缘好，性格好，喜欢写诗，做得一手好菜，擅长做 PPT，跳远年级第一，酷爱打篮球。

很不错，是吧。但小天很“不幸”，他有一个“致命伤”——成绩差。确切地说，是数学差。差到哪种程度呢？就是 150 分的满分，只能考 50～60 分的样子。在这个得数学者得天下的形势下，你可以想象这样的数学成绩，日子一般不好过。

你也许会说他肯定不努力。也许有吧，跟所有的孩子一样有点小懒惰，怕困难，做数学就喜欢依样画葫芦，连蒙带猜，是典型的手上不停做事，但是脑子没动起来的那种。这真的也不怪他，从四五年级开始，数学这个噩梦就开始缠绕着他。为了准备小升初，那一年孩子几乎没有怎么休息，四处补课，八方考试，最后依然是惨败而归。是的，他做了近 100 套小升初的试题，最后却被和他一起补课，又是要手机又是和家里人闹别扭的“叛逆”少年硬生生地甩了几十分。他曾经很忧伤地问我：“为什么别人可以轻而易举地得到，而我努力了很久都得不到?”面对当时才十一岁满脸稚气的他，我只好说：“你大脑里的数学细胞也许还处于休眠状态，我们需要等待。”

小天没有选择权，就近读了一所公办学校的初中，离家不到一公里。每天仍然早出晚归，做作业做到深夜，周末也是补课、学习等，过着所有普通中学生的普通生活。但是他天天回家，与家人沟通情况良好，成绩虽然一直起起伏伏，但是为人处事在孩子当中算是比较温顺的。没有所谓的青春期叛逆，日子过得风平浪静。所以前面我说，除了成绩差，小天真算是一个很不错的孩子。

可是，这个孩子周日晚自习后却哭着回来了，很是伤心。

原来班上换座位了。老师把成绩最差的、“已经不怎么学习”的同学集中坐到了教室的最后两排。而小天就是其中之一。小天不服的是，自己不是最差的学生，也不是不想学的学生，他不愿意接受这样的安排。小天的妈妈觉得老师在中考还不到三个月的时间不可能做出这样的事，心想这其中肯定有什么误会，毕竟孩子有的时候看问题难免会比较片面。于是，妈妈安抚小天说，跟老师打个电话问问情况。没想到小天主动把妈妈的电话拿过来，说：“妈妈，我自己的事我自己解决。”电话打通了，听见孩子很诚恳地跟老师说，自己非常想要学习，且觉得通过一个寒假的努力，数学成绩已经有了大幅度的提高，希望老师给个机会，坐到前面去，与优生为伍。电话那头老师说了什么，小天的妈妈听不到，但看到个子已经一米八的儿子与老师的对话时的情景，母亲甚是安慰——一个孩子能为自己的事情负责任，是母亲一直很看重的方面。

但是，满心期待的换座位却一直没有变成现实。

一天过去了，两天过去了，小天的请求被老师无情地驳回。小天整个人都很憋屈，也很伤心。老师也觉察出孩子消极的情绪于是主动与小天的妈妈联系。大意是儿子身高问题只能坐到后两排，且说这是激将法，想逼他一把。小天妈妈说后面两排全是成绩差的孩子，是这样的吗？老师也不避讳，说，是的。都是成绩很差，又不怎么学的。她这样做主要是为了保全要中考的孩子，毕竟老师的精力还是有限的，离中考只有不到三个月的时间了；小天的妈妈不解的是，如果按照老师的说法，小天的成绩一直处于班上的中等水平，也不至于被放在那一个区域啊。老师说，他期末考试确实是二十多名，但是他开学到现在作业的过关情况都很不好，且他认为自己的数学经过一个寒假的学习可以达到 100 分以上，她咨询了数学老师，发现他不可能考到那么多。三年他的数学成绩都没有好起来过，你知道数学在中考中的地位。于是老师安慰小天妈妈要认清现实，不要考虑中考的问题，想想拿毕业证就差不多了。小天的妈妈顿时明白了，什么身高原因都是子虚乌有，毕竟读了接近三年了，班级什么时候按照身高排过座位。是自己太傻太天真——自家孩子成绩差且被老师预判了没希望了，理应去该待的地方“凉快”。考虑到老师的“威严”，小天的妈妈强忍住泪水，问老师：儿子现在特别想学习，而且他想读高中，老师能不能给他个机会，毕竟还有接近三个月的时间，这样的激将法，怕伤了孩子的自尊，适得其反。老师说，正是因为还有不到三个月的时间，才更需要班级有个良好的氛围，全力以赴地应付中考。班上成绩好的学生家长早就跟我提过这个要求，这样才能保证其他同学不受影响。我跟你说一个比较好的某某学校，你们可以考虑一下。

小天的妈妈一脸死灰。

当小天妈妈跟我倾诉的时候，我真的懵了——也许是在我们这样的学校待得太久了，这样的故事我已经鲜为听到。当她把她和老师的聊天记录拿给我看的时候，我才回过神来，原来还真的有这样的“理所当然”。

老师，你调的是座位吗？

在我的微信公众号里，我几乎是孩子的代言人，因为听他们的故事最多，真切感受到他们看似强大的外表下有一颗迷茫的心，于是难免有对家长的指责和对一些现象的挞伐。但是我极少将矛头指向教师这个群体。因为作为教师群体的一员，我太清楚这个工作的艰辛和繁杂，以及来自方方面面的压力。但是，我今天还是被震惊到了！虽然也听说过一些教师为了追求分数的各种奇葩做法，但是当家长与老师之间的对话，赤裸裸的分数论摆在我面前的时候，我还是有点接受不了——坦诚得连一块遮羞布都不用。是怎样强大的价值导向才会做到如此地理直气壮！

老师啊，你调的仅仅是座位吗？

在你的眼里，分数高就可以趾高气扬地坐“头等舱”，分数低就只能卑微地蜷缩在“车尾”？分数高的孩子才跟你息息相关，分数低的孩子就无关紧要吗？

其他成绩优秀的孩子家长，你们也这样认为吗？孩子与孩子之间的友谊与相处也只能用分数来区分吗？

分数真的就那么重要，重要到不用考虑那是一群未来充满无限可能的青年吗？重要到你们三年的师生情、同学情就变成了可利用与不可利用吗?

当对分数的追求与教师的绩效挂钩,当对分数的评价作为人才评价的唯一的标准,教育的育人功能何在?

想起曾经一个女孩,迎面向我走来,那张脸满是骄矜之气。我简直被这份盛气凌人震住了,连忙问,这是谁啊?同学很是羡慕嫉妒恨地说,年级第一,而且连续很多次了。后来有幸见到她的母亲,第一句就是:我是某某的妈妈。我孤陋寡闻,不知其谁,母亲连续强调了三遍,见我确实没有什么反应,于是说,年级第一那位。最后一句话没说出口,我猜肯定是:你这个老师怎么回事哦,连年级第一都不知道!

多么骄傲的母女!

我想说成绩好值得骄傲,成绩不好也没什么值得自卑的!

我喜欢我们校长的一句话,多一把尺子就多一个人才。我所在的学校是一所赫赫有名的成绩出类拔萃的学校,但我想自豪地告诉你,我们的学校从不因成绩的高低去评判任何一个学生多元化的发展,我们的老师从不会放弃任何一个成长当中的学生。

看来是我在“理想”的王国里待的时间太长了,已经忘了还有人在秉持着这样的理念,坚持着这样的做法,且忠实坚挺地践行着。抑或是还有人认为我在因为私人感情,因为小天不是既得利益者,于是在这发出弱者的呐喊!不就是让你坐到最后两排去了,至于这么小题大做吗?你看那么多学校还不是所谓的尖子班、实验班、平行班,可以分班,就不能分区吗?如果你这样认为,我想你没有读懂我想表达的意思。分各种班其实是真正的教育公平,因为这叫因材施教?适合自己的才是最好,做到人尽其才。

但是将所谓的“差生”放在一起，置于班级的最后两排，放任自流，你告诉我这也叫因材施教？没有爱与尊重为前提的教育，何谈人尽其才？

交代一下前面讲的那对骄傲的母女的故事。年级第一的她中考压力太大，发挥失常，只能进一个学校的平行班。父母觉得很没面子，于是选择了读国际学校。孩子在读期间，完美主义倾向严重，整容、减肥，导致内分泌完全紊乱。休学了两年，后来听说出国了，与很多同学都没有联系，后续发展不得而知。

…………

我喜欢康德的那句话：有两件事我愈是思考愈觉神奇，心中也愈充满敬畏，那就是我头顶上的星空与我内心的道德准则。

祝愿小天这样普普通通的孩子，只要头顶星空，拥有道德准则，相信未来一样光芒万丈。

写给你的情书

情书一：假如你倾心于我的话，我愿做风，吹过你萧索的树杈；也愿做影，跟随你与日俱长；还愿做鸟，栖息在你的最高处；最想做的还是你池塘里的那只天鹅，在芦苇丛中揭开你神秘的面纱。

情书二：假若你想起了我，我便为你歌唱。雨后的黄昏会挥洒在你的脸旁勾勒出你美丽的微笑。但黄昏稍暗，已不适合做游戏，还是让落日的余晖一起伴你到西边，一起等待明朝的歌声吧。

情书三：我们之间都向往着彼此；只不过，我们之间，又有条河，我在这岸，你在那岸。我们彼此凝视着对方：似曾相识，又曾不识。时光飞逝，掌灯时节，我将离去；也许你会听见我的歌声；而我，也许发现你就在我身旁。

情书四：我对你岁岁月月的等候和守候，可不仅仅是为了看见你在朦胧晨雾中你模糊的笑容；我等待着，我守望着，直到你的倩影飘过窗台，我才幡然醒悟，我不能在这倦怠的深渊消沉沦落；我要主动伸出我有力的双臂，去迎接你的拥抱。

有这样一个帅帅的男孩，每周坚持写一封这样的情书。你肯定会莞尔一笑——哪个少男不钟情？哪个少女不怀春？正常，正常。

是的，他爱得很直接，很单纯，很美好。这是开学一个月的四封情书，看得出来他充满信心，满心欢喜。接下来，情感的发展似乎不太顺利，孩子的笔端充满了忧伤与迷茫。

致歉书一：多少次黄昏离去，你为我歌唱；当我走到夕阳边消失的时候，正是你为我吟唱最后一首歌的时候。我不肯多停片刻，听完你那只为我谱写的作品。我不知道，你在田野中穿行的那为我而唱的歌，是否已经厌倦？

致歉书二：我感觉我看到了你，于是我在黑暗中扬帆起航，即使钟声沉寂，扁舟空空；我也要拨开朦胧迷雾，看透你神秘的篇章。有的船儿已经远去，有的船儿还未启航；即使船杆脆断，不见彼岸，我仍会前行，遇见你该有的模样。

失败者之歌一：呼唤是毫无结果的，热情的愿望全是虚空的；而我曾经却将我投入这虚无之中，任由淹没。直到最后，我打开篮子，花儿已经枯死了。

失败者之歌二：我看着我的诗歌迷惘在海岸，回不到温暖停留的港湾。它已行驶在无边的海岸。我感到，它正冲向生命的永恒，准备纵身一跃，销声匿迹的回到过去。

从诗歌中我们不难看出，他爱得很辛苦，是一种单方面的执着与相思。为情所困的他在这段关系中日益消沉、落寞，此时你是鼓励他报之以歌，继续前行，还是微笑着劝他“天涯何处无芳草，何必单恋一枝花”。

如果我告诉你，男孩写作的对象不是别人，而是“学习”呢？男孩在为学习而痴狂，你还会这样对他说吗？

这些诗歌的作者是一个初三的男孩。他和大多数孩子一样，很爱学习，很想考出满意的成绩，学习几乎占据了他四分之三的生命。然而这是一场苦恋，他的热情和执着并没有换来对方的青睐。还有什么比持续的付出都没有回报来得更伤人的呢？

我想如果是干其他的什么事情，你一定会被他的精神所打动，然而如果是学习，大多数人都会扬起下巴：这怎么可能？你努力了怎么会没有结果，这样的结果你肯定就是没有努力。或者你就是方法不对，言外之意，我们都懂，就是你不够聪明。本来苦恋已经很让人心碎了，还有来自你们的冷嘲热讽，我想每个孩子都能感受到满世界的恶意吧。

于是，世间便多了一个多愁善感的少年。

喜欢一个人去散步，萧索的身影在落日的余晖中被照耀着，斜映在墙上，清幽的小道总是显得那么宁静。迎着风，独自地走着，这或许已经不是一种简单的喜欢，而是一种习惯，一个人的习惯。

岁月它总是开玩笑，从稚嫩到成熟，从轻浮到稳重。一路走来，我们经历了太多太多。就算你沿着这条清幽的小道走下去，也不会有人告诉你这条路的尽头在哪里。是啊，人情冷暖，世态炎凉，人生便是这样吧。走下去，一直走下去；蓦然回首，却发现早已失去了那初生的赤子之心了。

岁月它也喜欢让我们自己做选择，也许在悄然蜕变的过程中，我们会迷失自己；也有可能会尝试挣扎着改变自己，却又在一次又一次之中伤痕累累；于是我们意识到，那初生的赤子之心呵，终是被这岁月的滚滚红尘给打磨、冷却；没有你，没有我，只有那余晖散去了的光与热罢了。

也罢，走在自己的小路上，看着自己的模样，看着那个在幽径小道上走着的自己……走吧，走吧，一直走下去吧，回头便是悬崖。世间的凡尘追赶着我，我却只有追随那余晖，留下那孤寂的背影。

少时的人儿哟，现在都在何方？只恐两年的打磨后，梦飘散了四方。不知少时的轻狂是否存在，也不知蔑视之气去了何处。怕是只道一声："罢了，梦终散。"

人生太远，道路太长，前方总是路不明道不清。有时吧，真的该清洗清洗自己，才不会使落叶铺满自己的路堂。愿走出半生沉沦，归来仍是少年。

这是他半期前一次语文月考的作文。字里行间落寞与惆怅尽收眼底。这个社会太过于势利，我们都去赞颂成功者的努力与聪慧，可谁愿意接纳失败者的孤寂与挫败？我们自认为很能理解弱者的心情，殊不知我们还是更津津乐道强者的军功章。世态炎凉，不是只发生在成年人的世界里，我们的少年还未踏进社会却已尝遍了滋味，所谓无条件的爱无疑只是挂在嘴边而已。

最近我们很多学校结束了半期考试。这几天，考试的结果也将昭告天下。每一次考试无外乎都是几家欢喜几家愁。接下来就是班科分析会、半期家长会……这个周末注定又是不平静的。我很多时候喜欢看城市的万家灯火，我总在猜想这些小格子里一定有好多户人家在大声地叱喝孩子，又有多少家长为了孩子的成绩彻夜难眠……甚至半期家长会后培训机构又将迎来一次招生的小高潮……

不好意思，我不想当一个“愤青”，用这样的方式来调侃你的良苦用心。我只是想替有些孩子说句实话，他们是真的很想学好。如果他们这次又考砸了，请相信他们真的比你更难过、更自责，甚至满脸的不屑正是内心极其在乎的掩饰。当你们为一些考得好的孩了大肆赞美的时候，也请把善意而温暖的目光给那些经历了战役败下阵来的勇士们，告诉他们：你们辛苦了。接下来，我们一起面对，好吗？

成绩有高低，成功有标准，而爱，不应有区分。

看见

最近要出差，有一件事挺为难的——女儿的头发谁来梳？平时这个自然是我的专属工作。很多人也曾建议过，不用那么麻烦，直接剪成“妹妹头”，早上起来梳子“刨”两下就好了。但是，在这个问题上，我一直都有个执念——弯弯的睫毛、长长的头发是我对女儿的想象。

小时候，我也有这样一头乌黑浓密的头发。无论早上时间多么紧张，我的妈妈都会给我梳头发。小小的人儿睡眼惺忪，坐在小凳子上，妈妈温柔地给我编辫子，最后还不忘别上两个花夹子把一些碎头发给规整起来。整个人一下子就精神了很多。妈妈满意地看着被她巧手拾掇出来的我，像欣赏一件艺术品一样心满意足地对我说：走，吃饭，上学。这样的情景一直镌刻在我的童年记忆的深处，成为一生难以忘怀的温暖回忆。

直到我当了妈妈，有了女儿。

每一天，为女儿梳头是我必修的功课。小小的人儿睡眼惺忪，端着小凳子坐在我的前面。我温柔地梳着每一缕头发，然后挖空心思地想今天编什么好看的发型。为了给她编出各种造型，我下了几个 App，专门去学习如何为小女孩编辫子。而她是我的专属模特，总是极力配合着我这个“笨手笨脚”的妈妈。每一天梳头，我不知道她是什么样的心情，但至少于我，是虔诚的，充满仪式感的。仿佛时光回到我的童年，我的母亲把所有的爱都编织进了我的发丝。今天，我也将一天所有美好的情感编织进去，然后看着自己亲手打理好的女儿，说：走，吃饭，上学。一如我的母亲。

我想，天下的母亲大概都是这样的吧。

很平常的一件小事，但由于我最近的频繁出差成了我需要挂心的一件事。

还记得女儿读幼儿园的时候，我每天早上就这样挖空心思为她编各种发型，可是到了下午接她的时候，她的发型都会重新打造，精致而利落。原来中午会午休，老师说，小女孩把发型都睡乱了。于是，起床第一件事就是女孩们端着凳子来到“班妈妈”面前，“班妈妈”为她们梳头发。我还记得每次接她的时候，除了那“一丝不苟”的头发，老师还为小朋友们擦了宝宝霜。当这样一个清清爽爽香喷喷的孩子向我跑过来的时候，我的心整个都融化了。

在幼儿园老师的眼里，她们能看见孩子真正的需要。

女儿上了小学。老师们一如既往地非常有爱，非常认真，她们看到了很多，比如学习的习惯、性格的特点、能力的差异、待人接物的方式，等等，每天都会信息量满满地给我们传递很多很多有关孩子成长的信息。我也会像所有小学生的家长一样开始关注更多的东西，不断反思自己的教育，生怕耽误了教育的契机，让孩子“输在了起跑线上”。直到有一天，我发现我们的“看见”似乎出现了偏差。

有一次出差，女儿的头发没有人梳。孩子的父亲费了好大的劲也就是弄了个马尾。由于她才剪了个刘海，所以本来就小的脸一下子遮住了半张。马尾是解决不了这个问题的。我出发前，跟他说，要不你主动跟老师说说，让老师帮忙“扎一下”。他说老师们本来就忙，不好意思麻烦人家。其实我知道，他是有期待的——幼儿园的老师每次都主动把孩子打扮得光光鲜鲜的。他一定想女儿都“狼狈”成那样，老师们一定不会坐视不管的。接下来的两天时间，我从微信群里看到女儿班级活动的照片，甚至还有几张她个人的特写，当时，我真的想打个地洞钻下去——在一群孩子中，我的女儿披头散发，犹如一个“幽灵”来回穿梭，显得甚是突兀。隔着屏幕我都觉得刺眼无比。

两天后出差回来，我去接她。一大群孩子往校门外走，我很远就看到了她，辨识度太高了——马尾没有，直接就是一个清汤挂面的直发秀。她不断地撩着额前的遮了半张脸的刘海，一见面就说：妈妈，我的橡皮筋早上断了。今天我一天都是披着头发上课、做操、吃饭；这个头发老掉下来，太不方便了。那时，我的心被深深地刺痛了。

回家的路上，班级群的微信内容已经很多了。老师布置了今天的说题任务，背诵诗歌，家长们开始上传孩子们的作业完成情况。学习的氛围一如既往地好，一派欣欣向荣的景象。我们的老师是很敬业的，也很辛苦。面对几十个孩子她们都是全面而周到地进行着记录和观察，甚至“透过现象看到本质”，家长们也是积极地反馈着孩子们在家学习的各种习惯和问题，这样的教育配合度很高。然而手牵着这个披头散发的女儿，我还是久久不能平静——我们到底看见了什么，忽略了什么。为什么我们的老师们、家长们能看到孩子们学习上的一点一滴，甚至以小见大，防微杜渐，可如此基本的外显的体貌特征，就看不见呢？

心理学有个现象叫作“非注意盲视”。我们来科普一下：非注意盲视（inattentional blindness）是在处理一个相对复杂的任务时，因为注意力的转移，而没有知觉到背景中出现的醒目的意外刺激的现象。为什么会出现非注意盲视呢？主要原因在于注意力分散或是注意任务繁重，占用较多的认知资源，而对背景刺激的觉察概率减小。换句话说，非注意盲视的原因可能是由于看到的东西没有进入意识层面，或者是有更重要的东西进入了深层次的意识层面，导致注意力进行了分配，有的被看见，有的被忽略了。

那么问题来了，哪些进入了我们深层次的意识层面，哪些又仅仅是“蜻蜓点水”呢？人所有的行为都受思维的控制，而这个思维一旦出现偏差，那么世界也就成了你眼中的样子。

孩子上幼儿园时我们把孩子的身心健康放在第一位，所以孩子有任何身体上的问题都能成为焦点。

小学阶段我们开始关注孩子的习惯，所以满心满眼看到的是各种习惯的欠缺，不遗余力地纠正和培育。

孩子到了中学，我们可能更看重学业成绩，所以关注的更多的就是分数和分数背后的意义。

这有错吗？没有。

我没有任何要指责与抱怨的意思，每个年龄阶段注意力有所侧重没有问题，但是我想说，我们每天关注的重点太突出了，或许占据了太多的大脑内存，会让很多基本的珍贵信息被“bug”，会让我们睁大眼睛也看不见。

你的世界其实是你注意到的世界。你心里有什么眼睛就看得见什么。我们的资源是有限的，在复杂任务面前我们必须有所侧重，但是，侧重不代表忽略，在我们追求太多太多、走得太远太远的路上，请随时提醒自己：擦亮双眼，不要错过太多沿途的风景。

Part 2

人的任务不是去看清远处模糊的东西，而是去做好身边清楚的事情。

——托马斯·卡莱尔

笔记本人生

终于需要执笔为它写一篇文章。

用今天很流行的微文推送方式——雷人的标语：告诉你一个成为高手的秘密——敲！黑!！板!!!

达·芬奇、钱鐘书和费米，他们的共同点是什么？他们都有一大堆笔记本。

是的，你没有看错，是笔记本。

记笔记，在今天，一定不是一个很酷的行为艺术，在大家的印象中一般班上几个成绩中等但又特别刻苦努力的女生仿佛才干这种费力但不见得讨好的事情。毕竟在很多人眼里，把黑板上的东西老老实实地抄下来有什么意义？我不是想研究课堂笔记，而是想说一种笔记本下获得智慧和力量的笔记本人生。

在万维钢《万万没想到》这本书中有篇文章叫《笔记本的力量》，其中他提到了几个名人热衷记笔记的故事，尤其是钱鐘书记笔记的情景深深地震撼了我：

“他做一遍笔记的时间，约莫是读这本书的一倍；

借的书还掉，买的书送人，只有笔记永远保存；

外文笔记共有178册，中文笔记与此数量相当；

凡读书笔记，必有书目和重要的版本以及原文的页数，论文笔记则记下刊物出版时间（这样显然可以方便日后写作时引用）；

笔记之外，还有‘日札’，是自己平时的心得体会。”

…………

今天我们看钱鐘书的书，每个人都会感慨他在完全没有计算机检索系统的时代，到底是怎么做到能够在文章中旁征博引到那样的地步，这是种什么量级的博闻强记！我想答案就在那数百本笔记之中。

还有一位不得不提的笔记本达人——曾国藩。一提到曾国藩，除了想到他的笨拙的聪明和朴素的管理艺术以及他当时就秉持的家庭教育给世人留下了深远影响，其实他还是一个极爱读书和记笔记的人。曾国藩自定“日知所亡（无）”这项功课，就是强调读书要记笔记，而且规定了数量，每天至少两条。很多人觉得曾国藩“刻板”，那只是因为对他的了解不够深刻，他实在是有一种很强的文艺气质。他的读书笔记叫“茶余偶谈”，日记叫“过隙影”，“过隙”取意“白驹过隙”，白色的骏马在一条缝隙前飞快地跑过，比喻时光飞逝，这个成语出自《庄子》。曾国藩把读书写作训练与个人修身养性联系在一起，表面上是两件事，但实际上可以“合二为一”。

大师方为大师，终究有他们的过人之处。笔记本就像是他们大脑的延伸一样。

前几年非常流行拥有 U 盘人生，大意是希望我们每个人能像 U 盘一样，随时能插入下一台计算机，随取随插，不用缓冲，就能立即投入新的工作状态。把自己活成像一个超级 U 盘，总结成十六个字：自带信息，不装系统，随时插拔，自由协作。但显然大师们的笔记本绝不仅仅局限于一个自带信息的硬盘。作为一个在那个时代优盘式生存的代表，自带信息是必备的，大师们更多的是通过自己不断总结和个性化的理解，真正“长出”了知识，形成了自己的知识体系，不断完成了信息的持续更新。

开学季，每个人都心怀美好的希冀，希望新学年成为更好的自己。在此提醒我亲爱的孩子们，也与自己共勉，多记笔记，用高阶的思维去整合信息，然后把“吃进”的信息，再“生产”出笔记本来，那我们离真正的高手就不远了。

接下来，再跟大家聊聊现在更广义的一款新型笔记本——效率手册。

2017年年度畅销书《人生效率手册》作者张萌有一个观点：“善用工具是智者与愚者的分水岭”，其中提道：工具是你达成目标的中间介质。作为一个工具至上主义者，她在平时的工作学习中，极其注意工具的使用与学习，而在她的微博上也经常分享使用某项工具的心得体会。她发现，使用频率最高的，且目标性价值最高的工具就是笔记本——计划工具有效率手册；总结反思工具有总结笔记；学习工具有读书笔记、演讲笔记、康奈尔笔记法；反思工具有灵感笔记；社交工具有社交笔记；旅行工具有旅行笔记。

厉害了，我的姐。人家有那么多分门别类的效率手册，作为一个民间爱好者，我顶多充其量就是一个后知后觉的跟随者。

了解我的朋友都知道，我是笔记本控，是效率手册的热衷分子。从最开始自己去某宝买很多的效率本来写，到见到朋友送别人礼物最多的就是笔记本。这些都还不够，我甚至按照自己的想法跑到印刷厂印制出自己设计的效率手册来自我“疗愈”。当我的书房堆满了这些五彩缤纷的效率本时，我的家人曾笑我说，怕是这辈子都写不完哦。当然承蒙很多好友捧场，很多人也兴致勃勃地加入了效率人生的行列。

你可以从大大小小的网站搜出若干类似的效率手册，也可以看到很多超级厉害的手账达人，请注意我仍然不想落入俗套地为你推销某种效率手册。自媒体时代，人人都可以按自己的意愿发声，所以如果你不感兴趣，请自行略过，不必多想。

我们来看看效率手册的精髓和方法，那才是值得我们学习和推广的。

第一，一般的效率手册都非常看重计划性。可以说不计划无效率。通过计划一定要清楚自己的目标是什么。目标法则，是贯穿人生效率手册的核心思想。

第二，有了计划，就需要执行。在执行的过程中一定要有节奏感，用时间管理体系中的四项原则去帮助人们区分重要且紧急和重要但不紧急的事情。你怎样对待你的时间，时间就会给你同等比例的回馈。

第三，总结是效率手册形成闭环的有效手段。通常情况下，很多人都会做计划，而且勤于做计划，但往往做完就没有“然后”了。其实，总结才是反思的开端。我们每天完成记录后，需要回顾目标，评估结果，分析原因，总结经验。这是我们真正实现自己目标很重要的组成部分。

其实我们发现所有的效率手册都遵循着时间管理中的“计划—实施—总结—评估—再计划”的科学逻辑。我在一篇文章中提过，有些志是“励”不起来的，而是要像锻炼肌肉一样通过大量的刻意练习才能习得。效率手册通过这样科学的训练方式，让效率真正提高。

最后，效率手册关乎一种积极的心理品质，那就是坚持。很多一开始的热血澎湃都败给了简单重复的细水长流。几乎每一本效率手册都是时间和成效的记录，绝大部分从每天到每周到每月到年度。每一天的时光的流转都是生命的沙漏在不停地流逝。很多效率本做成半年本、一年本，还有五年本、十年本的。

我能想到最浪漫的事，就是老了和你一起看人生效率手册。所以，问问自己，你坚持下去了吗?

该是时候打个总结了。在今天，一切都未命名，信息裂变和时代发展的速度太快，但是一些古老的办法，反而能诞出一些灵性的思维、引出一些有趣的事情，也希望在新学期开始之际，与诸君共勉。

一蔬一饭的故事

我做团体辅导期间，曾经布置过一道经典的作业——做饭。是的，让学生自己做饭带来和小伙伴们一起分享。没想到，有趣的故事特别多。

一个一年级的小朋友，刚接到这个任务，就开始急急忙忙和父母策划要做什么，直接跑到菜市场挑选各种食材。晚上就在厨房里搞得热火朝天了——洗菜，摘菜，切菜。人还没有灶台高，但操作起来那架势可以说像模像样。父母想要帮忙，都被孩子“无情”地拒之门外。特别是孩子的爷爷奶奶，在客厅里根本坐不住，一会来到厨房门外视察工作，一会又扯着嗓子隔空指挥，眼见厨房已经成了战场，不停责怪父母：什么作业嘛！那么大点的孩子，端个碗都端不好，还做饭，简直就是当游戏耍嘛。好在，这家父母很有定力。当孩子像个小花猫一样从厨房里端出一碗黑乎乎的菜出来的时候，没有伤到手，也没有烫红脸，父母一把搂过孩子，说：“能干了哦！可以自己照顾自己了。”没想到，孩子一脸的嫌弃：“我本来就能干嘛。”

是的，孩子的能力往往超乎我们的想象。

当然，这样的任务也有这样的剧情发展——“哎呀，你搞的啥子哦!”父母看到孩子将厨房弄得乱七八糟，特别是看到孩子居然自不量力地拿起了菜刀准备“杀肉”，妈妈一把抢过来：这是刀，你晓不晓得，切到手咋个办？让开，看到！于是，父母其中一方开始代劳。孩子站在一边，怯生生地说：老师说的，自己的事情自己做。妈妈强势地说：我只帮你切好，你待会炒就是了。于是，麻利地切完，手把手地教孩子倒油，并顺势将孩子揽在身后，“小心，油溅到你身上”。“妈妈，我来炒”，孩子提出抗议。“炒嘛，炒嘛。”妈妈一边炒一边说，菜都快好了，才将铲子交给娃娃。娃娃拿过去，铲了几下，妈妈开始放佐料，然后起锅装盘。显然孩子还没过到瘾，妈妈已经下了逐客令，“你看你把厨房弄得好乱。好了，菜已经炒好了。出去，出去。”“宝贝儿，端好了，我给你拍张照，发给你们老师。”妈妈拿起手机，娃娃端起“精致”的菜肴，“笑一个，哎呀，你咋个不笑呢?”妈妈指责道。于是，娃娃笑了，但不是真心的。

是的，谢谢你为我做了那么多，但是我真的不快乐。

第二天，参加团辅的小朋友每人都提着大大小小的饭盒来了。一见面就很兴奋地交流做饭心得，猜测对方做的是什么。期待之心溢于言表。到了中午，当所有的饭菜都摆上了桌子——那真的是一桌满汉全席，画面极其壮观。以前最多的就是国民菜——“番茄炒鸡蛋”，没想到这几次没有遇到一回。我问一个一年级的小朋友，人家一脸傲娇：那太简单了。我做了肉、蔬菜，还配了甜点呢。对于这么有格调的生活，我只想给你一个大大的“服”字。

我们陶醉在各式各样的味道之中，大小朋友换着位子，品尝各种“千奇百怪”的美食，大快朵颐。还有很多相亲相爱的画面。“你尝尝我这个，啊，张嘴!”“你看到一个小朋友在喂另一个小朋友!”“好好吃，好好吃!”小朋友吃得开心，喂的人更开心。没有一个人说别人的饭菜不好吃，我相信在分享中他们更多的是学会了尊重和感恩。

也有一次例外。

到了中午，当所有的美食都上了桌。按惯例大家欢呼雀跃，准备大干一场。我却见到一个初中男生偷偷地盖上了饭盒的盖子，然后趁大家不注意走到了另一间屋子。我问他，他说他不饿，中午不太想吃饭。

显然，这一行为有些反常。

我陪着他，外面的同学们已经淹没在了各种美食和欢声笑语中。男孩看着我，有些不好意思。他说：“老师，我太尴尬了。”他打开了饭盒。我看到了一份分量极少，且没有什么色彩的菜——凉拌黄瓜（还不是那种蒜泥或者红油色彩亮丽那种）。是的，一看就很敷衍，你懂的。

男孩一脸的羞愧和难过。老师，当听到这个任务，再看到其他同学很激动地讨论做什么的时候，我也在心里盘算了很久。我跟妈妈说，让她陪我去菜市场买菜，可是妈妈让我在家好好做作业，还说冰箱里有菜。可是当我做了作业，打开冰箱的时候，发现什么都没有，除了一根黄瓜。我跟妈妈吵了起来，没想到，妈妈理直气壮地说，做什么饭嘛。你什么时候做过饭。再说，你那么多作业没完成，哪有时间做饭啊。“可是，别的同学明天都带饭，我不带，吃什么啊?”“他们肯定带得有多的。你要实在觉得不好意思，就拍个黄瓜，应付应付就可以了。”妈妈也不能明白儿子因为做个饭发脾气，这种无用的作业为什么要那么认真。

于是，就有了这根莫盐莫味的黄瓜。

男孩说，看着其他同学端上来的“大菜”，再听他们眉飞色舞地说着自己做菜时候的细节，想想自己那份可怜兮兮的凉拌黄瓜，他觉得自己和那道菜一样寒碜。

后来，他的母亲就孩子的学习问题向我咨询。说到家长的辛苦和孩子的辛苦。孩子不是做作业就是补课，他每天都像打仗一样，甚至很多时候孩子都在车上吃饭，然后心急火燎地奔赴下一个培训班。母亲不明白的是，他学得这么辛苦，为什么成绩一降再降。而且更要命的是，孩子对母亲的态度很是冷漠，刚说几句话就会发火，根本无法交流。

我的脑海中瞬间就闪过那份凉拌黄瓜。当我把这个情节告诉母亲的时候，她沉默了很久。

我说：“也许，你的教育方式缺乏烟火气。”

泰戈尔说：“教育的目的应当是向人传递生命的气息。”

教育是人的灵魂的教育，而非单纯的理智知识和认识的堆积。一位日本教育家也说过这样的一句话，我们要培养学生“面对一丛野菊花而怦然心动的情怀”。当知识没有了温暖，当家庭没有了烟火，当生活不再是生活，而是置换一种定义的成功，这样的人，拥有全世界又怎么样呢？

庄子说：“知无用，而始可与言用矣。”懂得了无用，才可以谈有用。人生蕴含着无数的可能，如果怀着一颗空洞焦虑的心踏上旅程，凡事计较有用无用，人生一定也是空洞无味的；如果怀着一颗柔软静谧的心踏上旅程，人生也一定充满了力量和美好。

一蔬一饭，皆为此理。

整理有术

去年，我们学校迎来了一位新领导。

女性，春风满面，利落干脆。

都说新官上任三把火，大家都在翘首期盼，这位新领导的火会往哪儿烧，烧多大。没想到领导上任一个多月，并未出任何大招，而是早上一上班就去转校园，凡是看到垃圾、死角、蜘蛛网，闲置的物品摆放杂乱无章，告示栏张贴不规范，还有教室里任何一条标语“悬吊吊”的，她都会第一时间召唤相关负责人马上赶到“现场”进行整治。她特别爱用四川话说：“看到脏、乱、差，我就过不得。”

大领导的这个“癖好”，成了学校工作的一个风向标，接下来，整理、整顿、整治校园环境成了学校推行力度很大的一项工作。奇怪的是这项工作推行下来，最直观的感受就是校园清爽、整洁了很多，还有我们的心理感受，就是这个我们习以为常的工作环境和办事效率也随之清爽、整洁、有序了起来。

写这个小故事，是想作为引子，引出我今天要分享的观点——生活，从学会整理开始。

哈佛商学院经过多年的研究，发现一个现象：幸福感强的成功人士，往往居家环境十分干净整洁；而不幸的人们，通常生活在凌乱肮脏中。

一个成功的企业，往往窗明几净；反之，一个濒临破产的企业，一定有肮脏的角落。于是，有这样一个结论：你所居住的房间正是你自身的折射，你的人生其实就像你的房间一样。

于是，今天我们呼唤一种能力，那就是从主妇到总裁都应该拥有的“扫除力”或者叫作“整理术”。

曾经有一个学生到我这儿来咨询，说起自己的学习效率极其低下，心里想着沉重的学习任务那是相当的着急，但是当真正去做的时候，觉得这也很重要，那也很重要，千头万绪不知道从何开始；或者做一会儿这样就想着那样也还未完成，于是心慌意乱，注意力无法集中。这是典型的没有规划和条理的表现，这样的努力也叫作低层次的努力。

当时我的咨询建议里第一条：先回去整理自己的书桌。

后来发生的故事挺有意思。这个学生回到自己的家里，推门进去，因为有整理这个任务驱动，他第一次意识到工程量有多大。是的，你可以想象一个高一孩子的房间有多乱。书，最多的就是书。都是些什么书呢？从小学到初中到高中的课本、教辅，还有堆成山的试卷，偶尔还有几本作业本，那可都是他最宝贵的学习资料啊，还有他的笔记本，那些“葵花宝典”，多少次陪着他闯荡江湖，立志“打遍天下无敌手”。可是，现在它们都静静地躺在那里，早没有了当年的恃宠而骄。

他蹲下去，开始把它们都打包放进整理箱里。每一本他都拾起来看看：

这是一本初二的《古文阅读》练习册。他想起来了，初二他的语文学得最差的就是古文了。于是，老师和家长“密谋”给他买了这本《古文阅读》，要求他一个寒假每天练三篇，要知道那可是别的同学没有的在常规作业之外增加的作业哦。他还记得当时他有多不乐意，每次做这本练习册的时候，他都犹如一个士兵，战争还未开始，就想着结束。是的，你从那“龙飞凤舞”的字迹就能看出当年的他是多么的心猿意马，还有很多答案天知地知的都是机选出来的。一个寒假下来，这一本《古文阅读》并没有让自己改变古文“小白”的命运，以至于很多次母亲都黯然神伤，不知道为什么这样的死磕到底，古文仍然与他不来“电”——现在想来，其中的猫腻只有自己心知肚明。高一的他看着今时今日的作业，突然有了一点想要温柔以待的冲动。

他又拾起了一本数学练习册。翻了翻，看到了老师的一行评语：“这个世界上，不公平是个普遍存在的现象。所以，请学好不等式。”天啦，今天想来，我们老师哪里是个数学老师，简直就是个哲学家嘛。往事一幕幕在眼前浮现，他想起老师讲过的一个个数学故事，进行的一次次严密的逻辑推理，还有和同学们一起为了一道题争得面红耳赤，那些情景都被老师的一行评语激活了，记忆如开了闸门的水倾泻而出。

笑意写在了脸色，他的嘴角开始上扬。求知的过程原来如此美好。

他又拾起了一本笔记本。作为一个根正苗红的学生，他一向循规蹈矩，所以笔记也是记得一板一眼的，没有什么可圈可点的地方。倒是有一页，居然很是凌乱。定睛一看，原来是和同学的对话，再一看，原来是两个人在吵架。那是一节什么课不记得了，好像是同桌一把把笔记本拖了过去，指责他某个不仗义的行为，于是两个人就你一言我一语地开始“纸上谈兵”。这样的交流方式居然就这样定格在了像模像样的笔记本里，那么不和谐，但却生机盎然。如果没有这页纸，他估计早就扔了这个无关痛痒的笔记本，不，确切地说是抄写本，上课老师讲，他就整块从黑板上抄写下来。想想那节课讲的什么已经毫无印象，只记得那天吵得很过瘾，很舒畅，很解气——原来自己的“辩论”能力如此之强，简直埋没了人才。

他居然有点小小的得意。

当然，还有一大堆考试卷，那一个个鲜红的分数，诉说着曾经的辉煌，也记录了很多的落寞——原来我的学习生涯一直是这样的起起伏伏，在高手如林的学校，没有人能高高在上，稍微一放松，就被踩在了脚下。但无论怎样，好也罢，坏也罢，似乎都变得不那么重要，倒是那些为证明自己而努力奋斗的日子和心情早就镌刻在了自己的青春纪念手册里，难以抹去。

就这样，一边整理，一边回首，一边总结，一边思索。

时间仿佛凝固了，这个时空就留给了这个孩子，探寻着自己的过往和明天。

他把所有以前的东西全都放进了整理箱里，只剩下了本学期需要的资料。且按照要求，他把最重要的资料放在了书桌最醒目的地方，其余纷纷“下架”。当浩大的工程结束的时候，令他惊讶的是，当他坐下来学习的时候，他一下子专注起来了。

他说，这是他做过的最好的一次心理咨询。

整理，真有这么大的魔力吗?

是的，整理，看似一场简单的体力劳动，其实内蕴深沉的人生智慧。

脏乱繁杂带来思想的混乱和困顿，整理的过程，就是处理、选择、扬弃的过程，是你与环境的互动。整洁的环境显示出你的逻辑性和条理性。

前两天有本关于整理归纳的书很火，叫《断舍离》，至今仍活跃在畅销书的排行榜单上。一本整理类的书之所以能如此广受追捧，我想它传递的不仅是如何收拾整理物品，更多的是很多人领略到了整理的智慧和欢愉。

——从释放生活空间和个人注意力出发，让生活和工作充满了高效和清爽。

我喜欢看韩剧。有意思的地方，男女主人公要分手，翻译的通勤表达都是“整理”。诸如：我已经整理了我的情感，我们已经整理完毕，等等。我不懂韩语，不知道字面意思是这样还是意译的结果，但是每每听到这个词来形容一段感情的终了，我觉得再合适不过了。当今很多年轻人，分手了却未必整理好了。能够像整理物品一样整理自己的心情，我想这份取舍，是决策和判断的过程，更是审视自己人生的机会，让自己和真正喜欢的人和物品在一起，享受有控制感的美好人生。相信，你开始整理的时候，积郁的心情也会随之明朗起来。

在每个人的一生中，至少都应该有一次全面而盛大的整理。

爱不必多一点

女儿最近写了一篇名叫《调皮的爷爷》的作文，大概意思是爷爷每次都会问她吃几个抄手或者饺子，而爷爷不“识数”，每次都比她要求的多一个。她已经明确地表示只能吃的数量，但爷爷总是“调皮”地多煮一个。女儿看着剩在碗里的那个饺子，摊开双手，无奈地耸耸肩：为什么爷爷就是不听话呢？

我问我爸爸，他总是笑着说，我希望她多吃点。

很朴实的话，很朴实的爱。

我脑洞比较大，我有的时候会突发奇想：为什么不是少一些，总是多一点呢？

吃饭，多吃点。

穿衣，多穿点，

请客，多点点，

出门，钱带多点。

…………

似乎多就意味着充足、富裕、安全；多多益善，是很多人信奉的人生准则，于是，我们都在追求“多”的路上。

小茜是一个五岁的小女孩。我第一次到她家的时候就被深深地震撼了。她的家塞满了一屋子的毛绒玩具，大大小小，琳琅满目。我随便找个地方坐，都感觉要被这些玩具包围得窒息了。原本宽敞的家显得很局促。小茜妈妈不停地解释：她从小到大就喜欢毛绒玩具，每次逛街都吵着闹着要买，亲戚朋友都知道她的喜好，也爱送这些给她。玩具越来越多，但是小茜其实很少玩，我们去年提出来把这些玩具打个包收拾一下，小茜像发疯了一样，不准任何人动，还大声吼：谁也不准碰我的东西！

“你看嘛，我们家就成了仓库了。”小茜妈妈很难过，“问题是，小茜还在不停地买，玩具越来越多，真不知道怎么办才好！”

很多时候我们都纠结于一件事或者一个行为，但其实这背后都是一个人在表达她的诉求与渴望。小小的女孩想要用所有的毛绒玩具堆在一起来陪伴自己，且像个饥饿的人一样疯狂地寻找——如果我们的内心里有一个黑洞，给得再多也不够，怎么填都填不满。

多未必益善，而应去发现她真正需要的是什么。

我见过一个妈妈，“敬业”的妈妈。为了自己的孩子，她选择从很好的工作单位退下来，做了全职太太，一门心思相夫教子。每天早上六点准时起床，变着花样为孩子做营养早餐；每天接送孩子，风雨无阻；周末奔波于各种补习班，全程陪伴；甚至孩子学英语她跟着学英语，孩子学钢琴她跟着学钢琴，孩子学绘画，她硬生生把自己逼成了绘画高手——她经常这样教育她的孩子：你看妈妈这个年龄都能学好，你有什么理由学不好呢？

是的，孩子有什么理由学不好呢？妈妈把全世界最好的都摆在你的面前，妈妈为你付出的爱那么多、那么浓，我们有什么理由不争气呢？

人生往往出乎意料。

我见到这个孩子的时候，她表情冷漠，手背上有很多被刀片划过的痕迹。她对自己的厌弃达到了令人难以想象的程度。理由只有一个：我妈对我太好了，我对不起她。

生命中不能承受之重啊！妈妈做这一切都是心甘情愿的。我们愿意给孩子的爱再多一点，再多一点，甚至我们愿意牺牲掉自己的很多东西来成全我们的孩子。可是，爱真的是越多越好吗？

很多时候，我们表面上不求回报的付出，孩子心中明白，我只有做得更好，才对得起父母对我的爱。这何尝不是一种情感的勒索？

很多时候，我们宁愿牺牲自己也要成全孩子，孩子心知肚明，自己身上肩负着两个人的期许，这何尝不是一种负重前行？

很多时候，我们整天围绕着他们转，他们的每一点进步或者退步都牵动着我们敏感的神经，这何尝不是让孩子生活得小心翼翼、如履薄冰？

很多时候，我们怕他们跌倒、摔伤、走弯路，于是一路披荆斩棘，保驾护航，孩子失去了独自承受困难和选择的能力，这何尝不是一种剥夺与侵略？

很多时候我都觉得，今天的很多家长不是不爱孩子，而是太爱。爱得失去自我，爱得担惊受怕，爱得同呼吸共命运，这份爱太多、太浓，太让人倍感沉重了！

我以前一直对这样两句话不是很理解——

“君子之交淡若水，小人之交甘若醴。”

说的是两个品行很好的人，他们之间的交往，就像水一样平淡和自然，并且这份友谊才能够保持非常长久；而小人不是指的生活在底层微不足道的人，而是指的一心只为利益，其他基本上不会顾及、道德水平不高的人。这句话的意思也很简单，就是小人之间的交往，会非常甜蜜，甜蜜得像甜酒一般。

这句话出自战国著名道家代表人物庄子的《庄子·山木》一书中。当他提出这个观点的时候，其实也是有人不认同的，因为大家都在想，小人之间的交往若是像甜酒一样甜蜜，应该是一件好事才对，怎么听起来像是在讽刺人一般呢？

其实，这句话的精妙之处在于，它不仅将小人之间的甜蜜状态写了出来，同时还警醒着人们要小心那种甜蜜过头的关系，因为在交际之中，若是显得过分甜蜜，就会出问题。

在我们大量的咨询案例中，亲子关系问题很突出。相爱相杀的故事太多太多。究其原因，有很大一部分都不是因为疏远，而是因为亲密。因为太过于亲密，所以我们已经不分彼此，越俎代庖，互相依赖。有的甚至甘愿为其大量付出，误认为我给你那么多，那么多，你总可以接受一二吧！谁知，过犹不及。

或许我们都太推崇多多益善了，但其实很多时候我们要的不是做了很多的事，而是做得对的事。或许无论是亲子、夫妻还是朋友，我们都应该有一定的界限：推崇君子之交，爱得适度，方能成其久远。

爱不必多一点。

爱我，你就听听我

女儿以前爱听一首儿歌《爱我你就抱抱我》——

“爱我你就陪陪我”

“爱我你就亲亲我”

“爱我你就夸夸我”

“爱我你就抱抱我”

真是一位了不起的词作家，这几个爱的表现不正是美国著名的畅销书作家盖瑞·查普曼博士（Dr. Gary Chapman）提出的《爱的五种语言》吗?

爱是亲亲、抱抱——身体的接触。

爱是陪陪——好品质的时间。

爱是夸夸——肯定的言辞。

爱我你就——服务的行为，为其做点对他而言意义重大的事。

爱还有一种语言，就是接受礼物。这里指的礼物是能够表达出“你很在乎我”的礼物。

那么在物质高度满足的今天，我们孩子在乎的礼物是什么呢？我今天想跟大家提供一个思路——爱我，你就听听我。

你知道我们的孩子一天听到的最多的一句话是什么吗？

“安静，不要说话了！”

你不信，我带你去实地考察一番。

清晨，孩子睡眼惺忪地起床，嘴里嘟哝着：好烦，好烦哦。我还没睡醒呢。妈妈说：快点，不要说话了，要迟到了。他嘴巴里塞满未嚼烂的面包，一边想起昨天要跟你说的事，刚要张嘴，你不耐烦地打断他：哎呀，吃了饭再说。话多。

就这样，我们的孩子一路上欲言又止。妈妈说，在车上的时间不要浪费了，我们听听英语吧。于是，孩子假装没睡醒的样子闭上了眼睛。下车时，妈妈说：我昨天晚上检查你的书包，太乱了。你注意收拾一下。作业我都给你签字了，待会交给老师，还给你放了一盒牛奶，口渴的时候当水喝。热了要记得脱衣服……孩子不耐烦地挥手告别。他来到了学校，放下书包坐下，多想跟同学聊上两句，结果早读时间到了，老师说：“同学们，一日之计在于晨，不要说话了，科代表带领大家早读。”

于是，书声琅琅。

在读书中无缝衔接到第一节课，老师说：“不要说话，上课注意力要集中。”

课间十分钟终于到了。科代表提醒大家：没交作业的赶快去补交作业，不然下午放学要留下来。一分钟过去了。他上个厕所，人多，随便跟同学说两句，三分钟过去了。他蹦蹦跳跳回到教室，终于有机会跟同学神侃两句，同学却忙着改错，转过头，看见老师严厉的眼神：注意课间文明休息。他默默退下，不敢作声。

第二节课，第三节课，第四节课，如法炮制。

你说有那么惨吗？不是每节课都有老师问问题，还有小组讨论呢？是的，是的。你看老师点名了，同学甲你来回答这个问题吧。终于有机会听他说了，可是他不争气，脑袋没反应过来，那怎么行，一节课效率很重要，他还没张口，老师说，你坐下，同学乙来。或者他太想说话了，手也高高举起了，老师也叫到他了，于是他没完没了地开始阐述，不是老师想要的答案，“好了，你坐下，同学丙你补充。”他把到嘴边的话活生生地咽了下去。我经常看见“被拦腰截话”的学生坐下去嘴还在嘟哝，请原谅那一定是惯性的缘故。你说有小组讨论啊。是的，是的。尤其是公开课，那是必须的。3 分钟讨论，2 分钟讨论。4～8 个人一个组，你算一算，轮到每个人可以说几句话。老师说，时间到，于是总有能干的人“我代表我们小组”发言，是的，你懂的，我们经常被代表了。

这不怪我们老师。一个班那么多同学，不可能让所有的同学都来表达，于是很多时候一天下来，真的有同学没说过几句话，被成功地塑造成了会说话的哑巴。

我有个初三的学生，周末来看我。我的那个天啊，一直嘴巴就没停过。我第一次体验了什么叫“如滔滔江水连绵不绝，黄河泛滥一发不可收拾”。我实在听不下去了，说，在我的印象里，你没这么多话啊。没想到，孩子说，老师啊，我发现我都一周没好好讲过话了。我的眼睛顿时湿润了。

这跟我十几年前做过的一个案例类似。那是给一个成年人做的咨询。对于大学刚毕业的我来说，面对一个中年人的咨询难免有些忐忑。每次他来，我都会精心准备谈话的内容，希望年轻的我能给资深的他多一点建议。没想到，这个来访者来了以后就开始噼里啪啦地说，我根本插不上话。一次这样，几次都这样。我当时去的机构对于咨询师的业绩是有考核的，没想到我看到了他对我的评价是：这个老师很善解人意。我当时就懵了——我什么都没有说，什么都没有做啊。原来只要你耐心倾听别人说话就是最大的理解和尊重。

有一位很有情怀的校长跟我讨论过他的一个谜思——他们学校的食堂非常高大上，自助餐，学生排队也很有秩序，但是唯一一点就是学生用餐时很吵，无论如何引导，改观都不大。类似的情况还发生在他们高大上的音乐厅，就是做不到像国外孩子观看节目时那样鸦雀无声。

我们姑且不论中西方文化的差异，我提供这个视角——请不要轻易说我们的孩子没有修养，公共礼仪教育太少，我其实很想替他们说句话，每天节奏那么快，安排那么满，食堂啊，听音乐会啊，这些往往是他们最放松的时候，他们不说话，他们如何释放呢？

这个时候，高年级的家长一定会跳出来，不对，我倒是很想听他说啊，可是人家无论我问什么，就是打死不说话。我们经常是热脸贴冷屁股。

为什么别人不说呢？

记得小时候，别人跟你说："这道题好难哦，我做不起。"你说什么："你这样是不对的，遇到困难就想逃避。你看谁谁……"当别人跟你说："我这次考试就是因为好多题都出得太偏了……"话还未说完，你开始撇嘴："你这样是不对的。每次都找客观原因，题偏，那为什么还是有得满分的呢？"当别人跟你说："我们老师就是偏心，只喜欢成绩好的，经常针对我。"你说："老师都是为了你好的，你做好了谁会针对你。还有你学你的，不要管别人怎么看你。”别人回来跟你说：“我们班谁和谁谈恋爱了……”你说：“互相欣赏很正常，中学生怎么能谈恋爱呢？你说这些不会是你也有什么想法吧?”——友谊的小船说翻就翻。是的，你说的都对，但是没有好好听孩子表达他的观点，没有肯定过他看问题的视角也存在合理性，很多时候，我都问孩子，为什么不跟父母讲。他们说，猜都猜得到他们会说什么，讲了也白讲。

我们现在越来越多的孩子陷入网络的世界里难以自拔。其实你不了解的是，很多真正吸引他们的不是游戏本身，而是与人的互动。说的直接一点，最根本的还是人与人构成的社会关系。我见过一个在现实里几乎一句话不说的孩子，在网络的世界里谈笑风生，判若两人。因为他说：“在网络里，他可以想说什么就说什么，还有人听他讲。”

多么渺小的诉求，却又是多么难以满足的心愿啊！

我跟学生戏谑，金庸小说几代人的恩怨，如果我们会倾听，就不存在误会，大侠们几章下来就归隐了；琼瑶小说，男女主角如果会倾听，很快就会“王子与公主从此以后过着幸福美好的生活”。虽是调侃，但是警醒我们，真正会倾听是多么重要。

古希腊有句谚语：为什么上帝给我们一张嘴，两只耳朵？那是要告诉我们多听少说话。记得有一次有个学生讲，他感觉最幸福的时候，是家里有一次停电了，好不容易找到半截蜡烛，一家人就围坐在客厅里，借着朦胧的烛光，聊天，喝茶。讲过的内容早就忘了，但是只记得每个人都很平静，耐心地聆听每个人说话，这种感觉真是太美好了。

愿这份美好每个人都值得拥有。

耳畔又响起那首熟悉的旋律《爱我你就抱抱我》，我把它加上两句吧：

妈妈总是对我说　爸爸妈妈最爱我
我却总是不明白　爱是什么
爸爸总是对我说　爸爸妈妈最爱我
我却总是搞不懂　爱是什么

爱我你就陪陪我　爱我你就亲亲我
爱我你就夸夸我　爱我你就抱抱我
爱我你就听听我
我会告诉你我内心真实的声音
…………

按自己的意愿过一生

“按自己的意愿过一生”——这怎么可能？看到这个标题，你脱口而出的一定是这样的一句话。或者，你坚定地认为，这只是一种愿景而已。毕竟人生有太多太多的不得已。

最近经常会有高一的学生来问我：

“老师，我想学文科，可我的爸妈认为文科不好选学校，出来就业面太狭窄了，他们希望我读理科。我很纠结。”

“老师，我想绘画，而且我画的时候真的很有感觉。可我也知道，我也成不了一个画家，不可能靠这个维生，我真的很矛盾。”

“老师，我现在找不到学习的目标，每天都过得浑浑噩噩的。这个暑假我想去西藏看看，可老师和父母都建议我高考完了以后再去，毕竟现在高二了，学习太紧张了。”

…………

我想起了一张让人哑然失笑的网络图片：有一种冷叫你妈觉得你冷。

是的，我们大人很多时候都做不到按自己的意愿过一生，更何况认知水平有限的孩子呢？于是以爱的名义的引导和规劝就此产生了。

我有一个咨询，那是一个很上进的高三学生。他说，有一天他在上课的时候，突然觉得大脑一片空白，周围的声音顿时消失了，他看着老师在讲台上讲得大汗淋漓，同学们奋笔疾书，周围全是堆成山的书籍和试卷，他突然冒出一个奇怪的问题：我们为什么要这样？我们做这一切的意义是什么？当然，你可以跟他说出一万个诸如为将来更美好的生活的理由，这些他都心知肚明，他就是脑袋一下子空了——这一切真的是有意义吗？

这是一个喜欢“自问自答”的青年。

接下来，他做了一个这样的人生设想。

都说学生时代最幸福。可想想自己的学生时代，上学时就好像连觉都没睡够过。还要看老师的脸色，应付没完没了的作业和考试。我们有句名言：“人的生命是有限的，但作业是无限的，我们要把有限的生命投入到无限的作业中去。”

你说我们已经够可以了，至少还可以打着青春的幌子叛逆一把？叛逆，你是被所谓的专家骗了，绝大多数同学还是不敢的。毕竟爸妈掌握着经济大权，毕竟未来还需要敲门砖。可是认命多俗啊？于是，只好每天盼着自己长大，硬气地跟世界说，当我自己能挣钱了，想怎么花就怎么花。

终于，熬到了可以赚钱的年纪，却发现自己没有赚钱的能力。北大清华的高才生都愿意屈尊了（我们学校就有北大、清华的研究生来当老师，一个月挣点可怜兮兮的工资，买房、买车都不晓得等到猴年马月）。一想到世事险恶，我想我能找个差不多的工作凑合干就已经是万幸了。

都说年轻真好，我真没觉得有多好，又穷又傻，还特别怂。

空有一副好皮囊，唯一的口号就是："青春万岁！爱咋咋地！"可是，青春没万岁，一夜之间，我就看见了鱼尾纹，"上秃下凸"，我的青春原来就这样跟人跑了。

趁我还没成为别人眼中"油腻猥琐的中年人"的时候，我可能还会发愁一件事：我怎么还没成家。于是，我可能会去相亲，你要知道我现在是多么鄙视这个行为，但是也许那时我反而觉得知根知底胜过网络撒网，我也许结婚的标准真的只有两个：女的，活的。生了孩子，东拼西凑买了学区房，从此过上了"吃土"人生。

拼命赚钱，可钱怎么赚都不够。拼命省钱，可钱怎么省都不多。更可怕的是，我要是去参加同学聚会，当年抄我作业的家伙也许成为我所在公司领导了，当年我的成绩把他碾压成渣，今天他碾压我连渣都不剩。

四十岁更惨。都说，四十不惑，可人生过一半儿了。生个孩子成绩好，但自私；善良呢，成绩又太差，隔三岔五被老师请家长。关键是我还不知道什么是爱情，对方就已经肥腻而猥琐了。我偷偷问自己，前半生我都干吗了？后半生我要干吗？

想不明白，就不想了，反正还有十几年就退休了，退休了还得给孩子看孩子，想了也是白想。

五十岁以后，我就基本上跟不上时代了。像我爸妈那样，攒了一辈子钱，发现有钱也寸步难行。出门想打车，发现出租车都不流行招手停了。看见摆着一堆自行车，站了半个钟头不知道怎么开锁。去超市买个东西，售货员一问"微信还是支付宝"，瞬间懵了。世界还是那个世界，自己不知道怎么玩儿了。

六十岁之后不说了，基本就是去医院、去医院、去医院。身边开始有人离开，死亡渐渐逼近。依旧一脸茫然：我还没活够呢，怎么就快死了？

…………

我听他说完，震惊得无以复加，一个十八岁的青年把人生看得如此“通透”，我竟无言反对——听着听着，连我自己都觉得，人这一辈子，真够没劲的。

这个个案一直让我记忆深刻。我开始反思，都说“少年心事当拏云”，为什么他们事业还未开始，人生已然无趣了呢？

后来，我看过一个有趣的心理学实验，仿佛从中得到了答案。

“一个人自己是咯吱不了自己的。”

为啥？因为当你手伸过去的时候，你的大脑就已经预测到了自己的行动和身体的感觉。有时，别人也咯吱不了你，比如你抓着别人的手咯吱自己，也不会痒。

这说明啥？说明乐趣来自未知，控制就会失去乐趣。

今天的孩子得到了爱太多，因为父母怕他们走弯路而由“过来人”预设情景。就像曾经一个孩子的父亲为儿子规划好了他认为最好的一条衣食无忧的路，而儿子断然拒绝。父亲说：天堂有门你不进，地狱无门你闯进来。你说你是不是傻？儿子淡然地说：你规划的人生固然是好，可是我一眼就看到了我六十岁的人生，这还有意思吗？

是的，这还有意思吗？我知道父母都想把人生的经验全数传给孩子，我也理解父母怕孩子重复他们年轻时犯过的错，父母多么希望他们平顺完满地走过他们的人生。可是啊，当父母苦口婆心地规劝他们，当父母事无巨细地为他们着想，甚至越俎代庖为他们做决定的时候，你有没有想过，孩子们正在失去对自己人生负责的权利和义务，也渐渐变得不知道自己要什么，也从来不曾喜欢过自己的生活，因为一切都不是自己选的。

人这一辈子，只有一件事是必须做的，那就是对自己负责。这需要一点智慧、一点勇气和一点眼界。我的工作是跟“思想”打交道，我有义务去帮助孩子走出困境，帮他们出谋划策，甚至“指明”人生道路。但其实，我真正做的，却是提供一面镜子，让他看到真实的自己，去追求自己内心的声音。

写到这里，我忽然想起曾经看过的一部电影《遗愿清单》，讲的是一个穷老头和一个富老头知道自己快死了，于是富老头决定出钱和穷老头一起，把这辈子想做又没做的事儿都做一遍。

看这部电影的时候，我哭了好久。电影没什么感人的，哭是因为一想到自己死之前还有好多事没做，倒吸一口冷气。

朋友们，请高抬贵手吧。用别人想要的方式去爱，让别人按自己的意愿过一生，这是一份尊重，也是一份慈悲。

黑色星期五

星期一到星期五你最喜欢哪一天？你肯定会毫不犹豫地回答：当然是星期五啰！因为马上就解放啦！说到这，你的心一定已经飞起来了。我仿佛都看到你迅速收拣东西，欢呼雀跃离开办公室的样子。

我也是其中之一。可是，近几年，我最讨厌的就是星期五。最近厌恶之感越来越强烈，以至于相比而言，大家在漫画里吐槽的昏昏欲睡的星期一对于我来说反而有一种期盼愉悦之感。

为什么呢？

因为咨询过程中来访者提到的星期五晚上的色彩都太过于晦涩。

“我家孩子本周考试成绩很差，我们跟老师联系了。老师说，她学习态度很有问题，让我们好好跟她聊聊。”A君说。

今晚注定是一场关于学习态度的“巴以会谈”。谈话内容大都是——你看都什么时候了，那么关键的阶段，居然不努力读书，周考啊，要引起重视，你看你都下滑到什么位子了，我们不求你考好多分，关键是态度、态度。你这样下去怎么得了啊！

A君火力全开，孩子眼泪汪汪地认怂才结束这场会谈。星期五的晚上注定不会有周末带来的愉悦感了。

“我早就想跟她好好聊一下了。平时她作业多，我都忍住了。这个娃娃，居然偷偷摸摸耍朋友，还以为我不知道。今天晚上我一定要跟她好好聊聊这个问题。”B君一副运筹帷幄的样子，蓄势待发准备星期五的晚上大干一场，挽救这位被爱情冲昏头脑的“无知少女”。

剧情一般是这样上演的：

B君：“我发现你跟某个男生走得有点近了。”

女儿：“哎呀，你想多了。”

B君：“你要是有喜欢的异性也很正常的。”

女儿：“咋可能嘛。跟你说了，你想多了。”

B君：“我怕你吃亏，所以多跟你说几句。”

女儿：“哎呀，我作业多得很，你不要一天到晚就念念念！”

呃……

B君精心准备的一场斗智斗勇的谈话，却被女儿“四两拨千斤”，灰溜溜地败下阵来。

C君本周没有考试，也没有什么特殊事件爆发，老师也没有跟爸爸妈妈沟通。一切岁月静好的样子。然而，这样惬意的星期五晚上，一般都是这样的对话模式：

“你怎么一天到晚都抱着那个手机呀！”父母忍无可忍，再三提醒。

C君最讨厌就是听到这些。“什么叫一天到晚，我一周就要这么一会儿。”

“你看你好迷恋手机嘛，说明你的心思都在这个上面。”看来母亲对此事也是积怨已久。

“你就看不得我耍一下。”C君立刻怼回去。

“我也不是不喜欢看到你耍手机，主要是担心你的身体，希望你早点睡觉，明天还要去补课，不然哪有精神嘛!”……

C君家不欢而散——父母哀叹一声：这个娃娃什么时候才懂事哦，耍心太大了。孩子气鼓鼓地往床上一躺——我又睡不着，喊我那么早睡干什么。算了，如果我说我睡不着，他们肯定会说你看会儿书再睡嘛，养成良好的阅读习惯——“Oh，my god”，我还是睁大眼睛数绵羊算了。

…………

有多期待，就有多失望。

所以你要问现在的孩子，你喜欢周末吗？他们好多会说，不喜欢。甚至有人说，我宁愿不回家。

小丁就是这样一个孩子。经过一年多的“血雨腥风”，进入了一所私立学校。结果一进去成绩就垫底。现在星期五放学后就去老师那儿补课，回到家都晚上八点以后了。吃饭、休息一会，还要做一点“乱七八糟”的作业（一般是听英语、背古诗这类的软作业，你说做了，又看不到；没做呢，他一天到晚抱着书叽里呱啦的）；星期六在家做一天的作业，晚上改错；第二天就去老师那儿补课，到返校的时候又还得赶些收尾的作业。

这样忙碌而辛苦的孩子，在家长眼里是什么样的呢？小丁的妈妈说：小丁学习没有一点自觉性，自己成绩本来就差，就给他报了星期五的补习班。结果他下了课以后就想着玩手机啊，看电视啊，要你再三催促才会去背书，听英语。如果家长不提醒，从来不会主动要求去学习。第二天也是这样，我们哪儿都没去，就守着他做作业，他磨磨蹭蹭，作业无论多少都要做一天。晚上，我还要给他改错、签字。弄不好又要整两三个小时，他做题不认真得嘛，错一大堆。哎呀，说白了，就是懒，不想动脑筋。

以上是不是很常态的家庭模式啊！每周这样的故事在城市的东南西北上演着，平凡而又无趣。我很多时候都在想，如果我们一起来晒晒周末的时光，发个朋友圈会不会九宫格都难以凑齐，好不容易凑齐了，估计都是一个场景不同角度而已。

今年暑假旅行去英国。英国人每天下午五点就下班了，哪怕有生意上门，也挥手说，明天再来。我在想，要晚上十点左右才天黑，这些人关了门怎么玩儿呢？商场、街道空空如也。然而，一眼望过去的大草坪上，有人在练瑜伽；有人在跟孩子玩飞盘；有人在环形车道上骑自行车；有人在跑步；有人就点一杯威士忌，坐在小酒吧发呆、看书；当然，华灯初上，走在街上，随处可见带着精致妆容、身着华丽礼服的人儿兴冲冲地奔赴各种聚会，眉宇间都是欢快。

羡慕至极。

这就是生活，而我们大多数人都在生存。当你从硝烟弥漫的职场上退下来，把时间交到你手里，你会做什么？你会玩儿吗？那孩子们呢？他们会玩吗？

家长们很委屈，说，课是他要求补的，作业是他磨蹭拖延做到最后，所以没有办法去玩。你也一定跟他讲过，只要他抓紧时间完成了他该做的作业，一定给他自由。孩子信了。然而真相是这样的：他早早地做完作业，开始看电视或者玩电脑，甚至哈哈大笑，或者偶尔爆个粗口。你开始提醒，你不能再玩了。休息一下，去听会儿英语或者看看书。他顺从了你的指令，但心里却给了你大大的差评——说好了，做完了可以玩的，原来都是骗人的，做完了学校作业，又让学习。于是，拖延来了，懈怠来了，磨蹭来了。也许你会说，也不能让他就一直玩些没用的啊。是啊，那又玩什么呢？

我们都学会玩儿了吗？一群不会玩儿的大人教导着一群不会玩儿的小孩，过着不好玩儿的生活。

我问过一个四十岁的妈妈和一个十四岁的孩子同样的问题："你最期待自己什么时候的生活？"不同的年龄却是一样的答案：六十岁以后。理由是，有钱又有闲，我想干什么就干什么。可是我们都没到六十岁啊。再说，六十岁以后就真的想干什么就干什么吗？

被压抑的想玩儿的心，要什么时候才能真正释放？

你告诉我，这就是现实，没办法的事。

《活出生命的意义》的作者维克多·弗兰克尔说，我们最大的自由是选择态度的自由。我们总以为苦恼是由他人导致的，其实只有改变自己才能改变结果。没有谁能逼迫你，也没有谁在为难你，我们始终拥有选择的权利。

又要到星期五了，让我们把那些放得下、放不下的心情与琐事，都能因我们自由的选择，多一份平静与祥和，让我们开始选择一些属于我们人与人之间更美好的相处，享受"happy hour"带来的愉悦时光吧！

晚安，晚安

今天回家有点晚，女儿一个箭步往卧室冲，摆成一个大字躺在床上，叫嚷着："我亲爱的床啊，我好想念你啊！"那样子，非常滑稽，非常可爱。

我问她："真有这么激动吗?"她说："那当然咯！睡觉是世界上最开心的事情之一。"

是的，睡觉是一件令人开心愉悦的事情，可是多少人却饱含困扰。

一个今年才读初一的小女孩跟我说，她经常睡不着觉。十二三岁的年龄，白天学习任务那么重，运动量也比较大，怎么就睡不着觉呢？她说其实到了晚上，她也很困，什么事都不想做了，但是躺在床上就是睡不着。很多时候她听听音乐，强迫自己入睡，但是也要一个多小时以后才能迷迷糊糊地睡着。但一晚上都感觉在做梦，各种各样不好的梦。早上起来，比没有睡还累。有一次做梦，一晚上都在考试，梦见一道题都做不起，吓醒了。心脏跳得快极了，而同寝室的同学此时正睡得香甜，万籁俱寂中只剩下自己的惊恐，那一刻，她说她觉得自己真的快死了。

我伸出双手搂了下她的肩膀，她本能地抽搐了一下，渐渐地面部表情开始柔和，紧绷的身体也松弛了下来，长长地叹了口气，然后号啕大哭。

豆蔻年华，正是雷打不醒睡意深沉的年龄，却被无数的恐惧和焦虑扰了梦境，多少个夜晚都是自己在陪伴自己，自己在否定自己，那些夜的寂寞和无助，将对一个人的内心产生多么大的杀伤力和攻击性啊！

我想起这个女孩的妈妈埋怨着这个孩子学习缺乏动力，一上课就走神，作业质量很差，补了很多课，成绩一直都不好，妈妈的眼神里充满了对这个孩子的失望。父亲在旁边激动地说着自己的奋斗史，面对各方面物质条件不知道比自己好多少倍的女儿的“不争气”，恨铁不成钢的态度溢于言表。

女孩只是沉默着，一句话也不说，一只手使劲儿地抠着另一只手的手腕，我透过袖口看见丝丝血红的划痕若隐若现。

我告诉满腹委屈的父母，女孩睡不着觉，晚上经常做噩梦。很多时候她都精神恍惚，情绪低落。父母有些错愕——是的，我们那么爱孩子，我们对孩子的学习了如指掌，关怀入微，我们却不知道自己的孩子睡不着觉，天天做噩梦。

从我们为人父母的那一刻开始，我们都在祈祷孩子健康快乐，但是随着时间的推移，我们追求更多的东西，却把最基本的忽略了——好像健康快乐不需要建设，它会顺理成章地实现。

睡眠是生命的需要，也是很多精神问题的晴雨表。相信现代人都明白睡觉的重要性——人类还没有进化到可以 24 小时不睡觉，长期的睡眠不足和睡眠不规律，会对身体健康造成不良的影响。睡眠不足、睡眠紊乱会增加得心脏病、心血管疾病以及其他多种慢性疾病的风险，同时还有可能引起抑郁、自杀、多动症等问题。

我的一位女性朋友，就是别人眼里的人生赢家。有一次，她来见我，却一直都戴着墨镜。当她摘掉墨镜那一瞬间，我看到了深深的眼袋和凸出的眼球、浑浊的眼珠——她是一个严重的睡眠障碍患者。在追求睡眠质量的路上，她想尽了一切办法。一身的名牌、最贵的眼霜和化妆品，难抵她骨子里散发出的困顿和精神的萎靡。

我想，真正的幸福是吃得下，睡得着，笑得出来，就是这样简单。

还记得吗？我们小时候睡不着觉，父母就会搬来“狼外婆”，那是一个专门吃小孩的恶魔，吓得多少小朋友怯怯地望着窗外，然后躲进被窝，不敢说话，什么时候睡着的我们都不知道。那个时候，很多父母都习得了这套方法，于是我们的记忆里都住着一只“狼外婆”。

今天“狼外婆”去哪了呢？

“几点了呀！还在耍。快点，再不动，我关灯了。”

“你再不睡，我就把你赶出去。你看外面黑黢黢的，别人把你抱走了，我就不管了！”

“还不去刷牙，动作这么慢，回来就只知道耍。我跟你说，作业没做完，明天老师就把你赶出教室。”

“快睡觉，不然就长不高了。再不去，我打你了！”

…………

好多孩子都在恐吓和埋怨中睡着的，又在催促与责备声中醒来。什么时候开始，我们不经意间成了孩子记忆里那个挥之不去的“狼外婆”了。

你或许会说，没有办法啊，不恐吓，不催促，他们就不去睡觉，也不想起床，只有用棍棒底下出好人这一招了。《正面管教》的作者简·尼尔森说：如果你觉得管教孩子痛苦，一定是你的方法不对。

让我们多一些思考，多一些耐心，多一些温柔，或许我们小小的转变，就可以成全孩子的美好和快乐。当我们心怀慈悲，对爱的人轻轻道句“晚安”，他们就能温柔地走进良夜，脸上带着甜甜的微笑，那么晚安，才是真正的晚安。

身体知道答案

最近出了趟国门。头两天最难熬的就是睡觉问题。该睡觉的时候睡不着，不该睡的时候又昏昏沉沉。尽管我们的内心非常渴望融入每一天的惊喜之中，然而身体却非常诚实地提醒我们还停留在原地。原理很简单，就是生物钟。

生物钟又称生理钟。它是生物体内的一种无形的“时钟”，实际上是生物体生命活动的内在节律性，它是由生物体内的时间结构序所决定的。

可见每个人的身体里都住着一个计时器、一个衡量计，很多时候，它比我们的内心更真实。

曾经在一个年轻的教师身上发生过这样一件有趣的事情。按惯例，我们学校就职第一年的新教师都要进行一次大型赛课比赛。那是相当严苛和残酷的一次比赛，是很多年轻教师首次在全校教师面前的亮相。每一年这些新入职的教师们就早早准备，绞尽脑汁地设计教案，组织教学，尽情展示各种本领。在这一场大型秀场里，输赢都不重要了，而是关于面子与自尊。

这位年轻教师从知道这个任务开始就惴惴不安。从他朋友圈里一连发了好几条励志的鸡汤文看得出来，他也在积极调整心态，准备迎战。但是，他的教学设计平淡无奇，本来温和、憨厚的小伙子那几天变得非常焦躁。他说，他睡觉都梦见在赛课，而且大面积的口腔溃疡，吃了很多药都不见效果。我们知道这是焦虑的表达。更有意思的是，这个小伙子平时号称国防身体，而在赛课之前几天，突然感冒了。更好玩的是，离赛课还有一天，他失声了！是的，是那种张大嘴巴讲话，但是一句话都说不出来，一点声音都没有的那种。我们帮他跟教务处写了情况说明，请求明年再赛，当申请批准了后，我从他的脸上看到了一丝如释重负的释然。

当其他人开始“粉墨登场”时，他痊愈了。

我们的思维具有强大的解释功能，使得我们自认为对于很多事情我们并不在乎，所以很多情绪其实是经过了粉饰之后的，而身体是个诚实的孩子，往往在我们自己都分不清楚自己状态的时候，真实地表达着我们的意愿。

这样类似的案例，我从一个台湾教授那里听说过。他有一个学生，在大学期间有一个非常要好的女朋友。有一天，他去送她的女朋友回寝室，转身离开后，想起有个东西忘给女朋友了，于是又折回去。这个时候，他看到她的女朋友居然和另一个男生拥抱在一起——很明显，女朋友劈腿了。他怒火中烧，但是转眼又想，每个人都有追求幸福的权利，同时他将这段时间女朋友对他的怠慢都联系起来了，终于明白这一切的缘由。他在心里默默地骂自己，真是瞎了眼，那么明显自己都没有觉察。于是，回到寝室睡觉，居然还睡着了。第二天，室友叫他起床，他睁开眼睛说，天还是黑的，不用那么早起。室友说，太阳都晒屁股了，你什么眼神啊。他挥挥手，两眼一抹黑。是的，他居然看不见了！

他去医院，进行了各项检查，眼睛并没有出现器质性问题。头颅CT检查同样显示没有问题。

但是他确确实实失明了。这在心理学上叫“癔症性黑朦”——一种心理原因导致的视觉障碍。有些心理创伤我们自认为还可以接受，但是潜意识却没有那么容易放过自己，于是心理障碍用各种身体的外在表现警示我们需要真正做到放下、放过，释然、释怀。

著名的台湾著名作家林清玄在《生命的化妆》一书中说道：“化妆只是最末的一个枝节，它能改变的事实很少。深一层的化妆是改变体质，让一个人改变生活方式、睡眠充足、注意运动与营养，这样她的皮肤改善、精神充足，比化妆有效得多。再深一层的化妆是改变气质，多读书、多欣赏艺术、多思考、对生活乐观、对生命有信心、心地善良、关怀别人、自爱而有尊严，这样的人就是不化妆也丑不到哪里去，脸上的化妆只是化妆最后的一件小事。我用三句简单的话来说明，三流的化妆是脸上的化妆，二流的化妆是精神的化妆，一流的化妆是生命的化妆。”

说得真好。有没有进行生命的化妆，其实通过身体我们就能看见。一位妆容精致的女性，面部没有丝毫岁月的痕迹，但是面若冰霜，说话声音不大，句句都绵里藏针，很难想象一个面无表情的人会拥有幸福温暖的生命状态。此时，再好的化妆品也抵不过灿烂的笑容。

一个聪慧过人的小孩，成绩出类拔萃，对人也是有礼有节，但是当他的妈妈爸爸想要拥抱一下他，或者摸摸他的头的时候，他都很决绝地回一句：“走开，我不喜欢别人摸我！只留下父母尴尬的手悬在空中。”他的思想可以告诉你，他是一个懂事有礼貌的孩子，可是他的身体却如实地诉说着，我是我自己，我不愿意跟其他人过于亲近。与父母身体都如此隔阂的孩子，有多独立，就有多辛苦。

有一个女孩最近被一个男孩疯狂追求。她在我面前分析这个男孩的优点和缺点，以及如果谈恋爱存在的优势和劣势，思路非常清晰。我问她："既然你这样清醒，又为什么要纠结呢?"她苦笑着说："尽管如此，她还是不确定。"看来所有理智的分析还是抵不过直觉。我说，那你闭上眼睛想象一下，这个男孩要拉你的手，你是什么感觉。女孩肩膀一耸说："好恶心啊。"然后大笑道："老师，我知道了。"

所有的看似缜密的逻辑就这样轻易地被身体感觉打败了。

很多家长经常问我，如何跟孩子沟通。沟通其实不只是语言，或者说语言绝不仅仅等于说话，身体的语言有的时候比语言本身更有说服力。让我们今天试着去了解那些身体传递的语言，也许那是另外一扇了解彼此的窗户，也只有相互了解，才会更加懂得，进而修炼自己，善待他人，身心合一。离王阳明所说的"知行合一"的境界，或许就不远了吧。

因为，身体知道答案。

Part 3

荣誉感和成就感，是人的高层次需求。

——马斯洛

一个人的力量到底有多大?

没有月亮的夜晚，整个世界都安静了下来。

书桌上，太多名人的传记，我都是带着顶礼膜拜的心情去阅读。每每看到他们“挥斥方遒”，造就属于自己的“帝国王朝”，我都会有一种心安理得——毕竟都是伟人嘛，毕竟天将降大任于斯人也，他们难免有不同于常人的经历与才气。

我从不敢设想，如果我是他们我会怎样；我从来都觉得改变世界这样的事情是伟人们干的事，而我一介“俗妇”，能自扫门前雪也算是功德圆满了。

伟人，于我，都是高山仰止。

今天，我为我的这份“心安理得”感到汗颜。

如果没有这次巴中之行，亲临晏阳初故居，听晏阳初的故事，聊晏阳初的情怀，分析晏阳初的行为，瞻仰他的一切荣光，如此身临其境地感受这位“平民教育之父”的生平所思所为，我想无论当别人如何跟我谈及他的丰功伟绩，抑或是《晏阳初传略》摆在我的面前，我仍会“傲慢”地在心里说一句：天之大，总有些人要来拯救世界的。

以往，伟大离我太遥远；而今，它仿佛穿越时空，如此真实地呈现在我的面前，激荡着我的内心，久久难以平静。

巴山蜀水，清寒的家境，开明的父母，十三岁便跋山涉水到外地学习西学；凭借惊人的才智和毅力先后到香港大学、耶鲁大学深造，取得普林斯顿大学硕士学位，后又被美国锡拉丘兹等三所大学授予荣誉博士学位。一路走来，学霸的开挂人生真的是全靠自己一手创造。按理说，这样的金榜题名、自力更生足够光耀门楣、光宗耀祖，而他却在三十岁就设定了自己的人生方向——不当官，不发财，立志献身平民教育。而这一生，他就一直坚守这个初衷，并一直努力践行着——晏阳初的足迹遍布很多国家，他为人类文明的进步做出了杰出的贡献。1943 年曼阳初和爱因斯坦等人一起被评选为“现代世界最具革命性贡献的十大伟人”。

一个大山深处的私塾先生的儿子，平凡如斯；

一个世界名校的博士，除天下文盲，做世界新民，终铸伟业千秋，伟大如斯；

平凡还是伟大？

一个人的力量到底有多大？在于他的心有多大。

很多时候影响我们人生成就的关键因素就在于我们内心对自己的定位。有人一辈子只安心做一个工匠，喜欢躲在自己的小天地里自得其乐；但有的人却想做那条跃过龙门的鲤鱼，一头扎进大江大河里，成为一条猛龙；更有一种人，他完全忘记了小我，把人类的疾苦放在第一位，致力于社会的文明和美好，最终成了改变这个世界的人。

我一直以为改变世界离我很遥远，尽管我极力反对今天的精致利己主义。但是，我一直信奉做好自己就是对他人、对社会最大的贡献，不求大富大贵出人头地的“佛系”人生信条。于是，在自己的小天地里活得怡然自得，当然这个过程当中又能帮助到别人，那已经是我最大的满足了。

现在想来，这样的沾沾自喜是多么的渺小啊。

鲁迅先生说：“无穷的远方，无数的人们，都和我有关。”这是鲁迅先生的至理名言，是他忧国忧民的疾呼呐喊。然而，在这个高度文明的社会里，这句曾经让无数人为之感动的深情表白，正在悄无声息地淡出人们的视野。这个世界怎么啦？跟我有什么关系。虽然大部分人没有这样冷漠，但跟我一样觉得伟大于我们普通人太遥远，恪守本分就很好的思维的人却比比皆是，且自我接纳度极高。

做好自己固然重要，但是如果我们首先看到的是更多的人、更广的天地，不先从自己的既得利益出发，多考虑自己能为别人带来什么，能为社会带来什么，在成就别人的时候，难道不是成就了更好的自己了吗？

换一种思维方式，也许人生境遇就完全不同。

而我们的社会呢？如果我们每个人都换成这样的思维方式，每个人都穷尽一生去为别人谋福祉，一个人的力量也许有限，但许多人的力量就可以无限叠加，这样的聚沙成塔带来的恩泽，难道不会庇佑每个人包括他自己吗？

晏阳初先生一生不做官，不发财，将毕生的精力都奉献给了世界的平民教育。斗转星移，沧海桑田，今日还有这么多人去缅怀他、追思他、学习他，难道不是对他一生伟绩最好的加冕吗？

有的人一生灿烂如星河，有的人一生卑屈如蝼蚁。时间老人给每个人长短不齐的岁月，却因我们不同的心态与思维造就不同的人生轨迹。个人如此，社会亦如此。

赠人玫瑰，手有余香。个人的力量有多大？从我做起，从我们做起。相信终有一天，我们的世界将花开满地，馥郁芬芳。

嗨，BOY

这是昨天晚上的对话。本已睡意朦胧的我，顿时感觉暖意融融，立刻行动决定把这段美好的故事呈现给大家。

我们叫他小易吧。认识小易是 2010 年，他初一，我是他班上的心理老师。其实一周也就一节课，从九月开学到国庆没上几次课，自然谈不上熟络。

然而，有一天，小易趁体育课的空档来约我咨询。还记得他稚嫩的脸庞和极为清晰的思路。他一股脑儿地述说自己外地求学的不易和对新环境诸多的不适应，以及对未来的迷惘和对家的依恋。要知道，他可只是一个才进初一的孩子！从未远离过父母，从未住过校，来到“高手如林”“巅峰对决”的名校，这对于小小年龄的他一定是不小的挑战。

我是怎么安慰和辅导这个孩子的我不记得了。我大概记得他把学校说得很美好，只是自责自己不适合，用今天时髦的话来讲：你很好，是我高攀不上；且大打亲情牌，说希望能在父母身边长大，没有共享天伦的成功，他宁愿不要。说得声泪俱下，我都快被他说服了。不过，机智如我，感叹于这个小鬼超高的双商，逃避的理由可以说得如此“感人肺腑”，于是提了两个建议，现在回想起来，满满的套路。

第一，适不适应，一个月太短。我们以一学期为期。如果那时你还如今天这般模样，那么，我们再讨论转学问题。因为没有充分的体验就没有发言权。

第二，与父母之间的交融，不是空间和时间的简单加减，而是心与心的距离。多少人相见不相识，多少人同在屋檐下，近在咫尺，却远在天涯。

住校一周五天丝毫不会影响你们的亲子链接，还有美好周末时光。

两个“鸡汤”式的建议居然就这样打动了小易。（透过屏幕看我一脸得意。）他“梨花带雨”，点点头，坚定地说，我虽然很痛苦，但我愿意接受你的建议，试一试。

后来的故事，你已经知道了。这一试就试了六年。后来，他考上了浙江大学，现在已经大四了。偶然机会我们互加了微信，于是有了上面的一段对话。

一次相谈，一个约定，一个尝试，一次成长。

纪念这段经历，有两点与大家共勉。

一是小易的主动求助。

大家想想，一个不到十二岁的孩子当遇到困难的时候，可以主动走进心理咨询室，这是有多么大的勇气和智慧！这可是八年前的故事了！现在我们有些孩子问题已经多得要把自己憋死了，你跟他提议去看看心理老师，他可以立刻翻脸："我又没病，为什么要看心理老师?"甚至当父母各种威胁利诱要求孩子跟我这个所谓的阿姨聊聊天，都像有深仇大恨一样，觉得要掉块肉似的死死防守。所以当医院的诊断书出现在家长面前的时候，所有人都是不敢相信的表情——他们好好的为什么会这样。殊不知这样的潜伏期已经很长了，这是孩子不愿求助死扛到今天的必然结果。

我听过一个故事：一个父亲让自己的孩子去搬砖，条件是竭尽全力。儿子很听话，一块一块地搬，累得汗流浃背。最后，终于筋疲力尽地说："我搬不动了，我尽力了。"父亲说："你真的尽力了吗？我就站在你身边，你都没有寻求帮助，你敢说你尽力了吗？"

主动求助是今天成功必备的一种素养。

有一位我很尊敬的长者，事业做得非常成功。每每谈到自己的人生经历，他都满怀感激地说，我很幸运，这一生老是遇到贵人相助。我想不一定是贵人在助他，而是他自己找到了很多相助之人，成就了自己，更成就了别人。正如牛顿所说："如果说我比别人看得更远些，那是因为我站在巨人的肩膀上。”

这世界上最大的力量也许不是“洪荒之力”，而是“借力”。

二是小易的勇敢尝试。

小易说：“尽管我很痛苦，但我想试一试。”这一试，试出了一番新天地，才有了我们师生今日相聚的百感交集。

我听过一句很毒的网络话语：有的人三十岁就死了，只是到了七十岁才埋。“青年已死”，指的是他们未老先衰，对很多东西不感兴趣，对太多的未知不敢涉猎。他们在恐惧什么呢？可能尝试新的事物，有一定的损失，但是这种风险和它的收益相比而言是微不足道的啊。再说，年轻最好的资本不就是“试错”成本低嘛。一个人在自己的圈子里待久了就会变得狭隘，就会变成一个个舒适圈，让我们故步自封。所以，只有我们勇敢地去尝试、去探索，对自己的心灵版图“开疆拓土”，也许，峰回路转之时，我们发现“风景这边独好”。

成功一定有成功的原因，成功的人也有特有的人格特质。我相信，小易无论是学业还是生活都能发展良好与他有这两个特质是分不开的。

本文因他而起，所以在此祝愿小易继续保持自己的状态去迎接未来更多不确定的挑战，愿天下“小易们”都勇往直前，大胆尝试。当你们谦虚问道时，相信世界都会为你敞开怀抱！

假如我是一棵树

今年九月女儿开始读小学一年级，翻开了她人生一页新的篇章。

她是教师子女，我们可以共处一个校园。每天早上我们手拉手走进满眼绿色的校园，有的时候金色的晨光就那样斜斜地透过树叶照射下来，牵着她柔软的小手，我觉得我拥有了整个世界。到了楼梯口，她总是潇洒地和我道别，然后如小鹿般地跑离了我的视线。我有些措手不及，她却满心欢喜。

有一天，校门口有些拥堵。我们绕道中学门进出。途经学校最美的生态园。那里垂柳依依，荷花盛开，绿树成林，鸟声环绕。女儿突然说，妈妈，我们去找一棵树吧！她在曲径通幽的小路上四处寻觅，像发现了新大陆一般惊喜地叫道："妈妈，就这棵吧！"我顺着她手指的方向看过去，在树林一个角落里，有一棵最小最不起眼的树柔柔弱弱地挺立着。女儿说："就是它了。妈妈你可以用我的名字叫它。"我说："为什么啊，"她说："我在学校里成长，它也在。我们要一起长大。到时候小树变成大树，我从小孩子变成大孩子。"说话的时候，女儿的小眼睛笑成了豌豆角，我仿佛看见星星在闪耀。

小朋友稚嫩的语言寓含了多么质朴的人生哲理。时光对于万物最为公平。大自然悄无声息地见证着我们一批一批的孩童变成大人模样，而有大人模样的我们是否仍然拥有孩子般的童真呢？最近流行一句话，愿你走出半生，归来仍是少年。我想表达的就是这个意境吧。

从此我们俩上学路上就多了一份默契。她自然地选择了从生态园走过，蝴蝶般地穿梭于树林中，停驻在小树旁。简单的问候："嗨，小树。你今天好吗？我要读书去了。你要乖乖长大哦。"然后心满意足地走开了。就是几句话，没有过多的情感渲染，就像老朋友见面寒暄几句，然后就挥手道别。

有一天，她和往常一样，起床洗漱。我轻轻地说了一句，多穿件衣服，昨天晚上风大雨大的。她说："那我们赶快去学校。"一路上她焦急万分的样子，让人觉得很是纳闷——一场平常的风雨，小朋友在挂念什么呢？快到生态园的时候，她加快了步伐，飞速地直奔小树，长长地舒了口气后喊道："妈妈，妈妈，小树只是少了几片叶子，它好坚强！"女儿欢快地跳了起来。我的眼睛里突然有些湿润。孩子真是坠落人间的天使，那么温暖，那么有爱。她接着开始像个知心朋友一样，轻言细语地说："小树啊，刮风下雨是很正常的，你不要怕。你可以使劲喝水，使劲喝水，这样你就会长得很高很壮。你看，你只掉了几片叶子，风啊，雨啊，那些是不是不那么可怕？你是不是很能干啊？"——多么好的一次心理辅导。挫折和困难是正常的，每个人都难以避免，但是挫折也将成为生命的滋养。正如那句话所说，今天那些不能打倒我们的都将变成我们最强大的地方。

内心向阳，何惧风雨？

我开始非常正式地审视我面前的这个六岁的小姑娘。见过她的人都说她爱笑。其实由于我工作比较忙，陪伴她的时间并不算太多。她读小学一年级前，也没有上过什么衔接班，我也没有刻意教过她任何小学书本上的知识。开学三周，她在班上的表现并不突出。她的识字量远不及很多同学，也背不了多少古诗童谣，唱歌跳舞音乐美术，她也只是喜欢，但不擅长，甚至老师在班上多次表扬写字写得好的同学，我搜索了很久都没看到她的名字。她有的时候还回来跟我讲，今天老师让她的同桌当小老师，教她写字，因为她握笔手没有劲儿，于是字就老是“睡”下了。她说的时候就像是说一件有趣的事情，丝毫没有半点的懊恼甚至担忧——心理老师的孩子心真“宽”啊。

我其实并不擅长儿童心理学。我的教育主体对象主要在读初高中孩子。但正由于与高年级的孩子接触得多，我反过来看低年级孩子的教育，可能更为明晰地知道他们需要什么。我见证过很多大孩子的迷惘和困惑，他们不缺智慧的大脑，更不缺丰富的知识，但是他们拥有一颗柔软稚嫩的心，当他们遭受挫折和打击的时候，他们往往表现出强烈的心理防御，或抗拒，或愤怒，或退缩，或退化，自怨自艾，甚至自暴自弃。他们说“鸡汤”有毒，拒绝成长，他们觉得自己是世界上最不幸的人，他们觉得痛苦就不应该落在自己的身上，仿佛我们每个人生下来是幸福满满的样子，以后也应该都是这个样子。我经常感慨，是什么让一个个生龙活虎本该天不怕地不怕的少年们变得如此胆小而懦弱，在外人不足为奇的压力面前不堪一击？《少有人走的路》这本书中有一句话：“人生苦难重重。”这是个伟大的真理，是世界上最伟大的真理之一。只要我们知道人生是艰难的——只要我们真正理解并接受这一点，那么我们就再也不会对人生的苦难耿耿于怀了。

在成长过程中，你如何面对挫折就形成了你独有的特征。这种特征就是逆商。逆商（Adversity Quotient），它是指人们面对逆境时的反应方式，也指面对挫折、摆脱困境和超越困难的能力。

年轻的父母们，在我们不遗余力地给予孩子最好的东西的时候，也请把应有的困难和苦难一起打包送给孩子们吧。你会发现他们也能和小树一样，使劲儿喝水，使劲儿扎根，掉几片叶子，但仍然健硕有力！

最后用一首老歌《红日》，聊表我们对这个主题的一点心意吧。

命运就算颠沛流离
命运就算曲折离奇
命运就算恐吓着你做人没趣味
别流泪心酸更不应舍弃
我愿能一生永远陪伴你
哦～～
一生之中兜兜转转那会看清楚
彷徨时我也试过独坐一角像是没协助
在某年 那幼小的我
跌倒过几多几多落泪在雨夜滂沱
一生之中弯弯曲曲我也要走过
从何时有你有你伴我给我热烈地拍和
像红日之火燃点真的我
结伴行千山也定能踏过

让晚风轻轻吹过

伴送着清幽花香像是在祝福你我

让晚星轻轻闪过

闪出你每个希冀如浪花快要沾湿我

…………

一张面膜的神奇功效

又是一个普通的夜晚。各位女士朋友们，经历了一天的职场奔波或者是家庭琐事，你是否也和我一样敷一张面膜开始和自己相处的时光？

我今天跟你分享一张面膜的神奇功效。

今年高考三诊前，一个女孩走进了心理咨询室。喋喋不休地絮叨自己的各种不幸：“老师，我成绩太差了。你知道我们学校的重点率是多少吧？不要惊讶，是的，我就是那百分之零点几。对不起学校，对不起老师，对不起党和人民。（她还挺能自嘲的。）我也想考好啊，可是真的很难啊。你看还有一个多月时间了，我怎么办啊？我恨不得明天就高考，一了百了。”看来她不是到我这来寻求解决方法的，就是来吐槽的。很多时候心理咨询有几类，像这个女孩这种纯属情感支持，道理她都明白，就是需要有个人听听她的真心话，倾诉一下内心的感受而已。

对于这样的心理咨询，其实不怎么费力。因为对方的诉求很简单。她需要的就是一双会倾听的耳朵。

我很耐心地听她说着自己的“遭遇”，时不时地给予她几句回应，鼓励她把想说的都尽力说完。

大概这个内容说了十多分钟。女孩突然问我：“老师，你说老天爷是不是个‘势力眼’?”有意思的问题。你说来听听。女孩来劲了——“你看嘛，我早就发现了这个规律。你说现在的学霸真的要不得，不仅成绩好，还多才多艺，不仅多才多艺，还要朋友，要手机，不仅要手机，要游戏，特别气愤的是还家里特别有钱，最气愤的是还长得好!! 颜值高!!! 你说为什么他们什么都占完了，像我这样的人，真是被碾压成渣了！还要不要我们活啊?”

你还别说，她还真的说出了一个事实。你的身边有没有这样的一群人，似乎把令人羡慕的因素都集于一身，而有一类人本来就很悲惨了，结果还雪上加霜。这在心理学上叫作马太效应——指强者愈强、弱者愈弱的现象。在 1968 年，美国的科学史研究者罗伯特·莫顿提出这个术语，并用以概括这样一种社会心理现象。其实就是种种优势的积累，也就会有一些更多的机会能够取得更大的成功和进步。反之，种种劣势的累加，自然也就走向另一个极端。

“老师，你说我怎么办呀?”女孩这时终于露出对这样命运的惆怅——真正让她感到气馁的也许不是现在的成绩（她自己也觉得无力回天)，让她担忧的是这样的一种命运轮回，让自己真正与别人有云泥之别。是啊，我怎么对她说。现在离高考还有一个多月，提高学业水平，是一个浩大的工程，光靠我几句“鸡汤”无异于杯水车薪。怎么办？突然间看见她光洁的额头，她的那句“最气愤的是长得好”闪过我的脑海，我脑洞大开：“同学，要不我们从今天起每天敷张面膜。”女孩瞪大了双眼，那表情一定在说，这个老师真是太不靠谱了。我忙解释：“至少我们还可以美。”

接下来我要好好给你们“安利”一下这张面膜的神奇功效。

以下故事都是转述小美同学的。（这个女生很害羞，不愿透露其姓名，我们就叫她小美吧。）小美从心理咨询室走出去，心里确实把我嘲笑了一番。做面膜，太好笑了。既然这么好笑，为什么不试试呢？这个逻辑我喜欢。小美当天就在万能的某宝上买了一箱面膜同城快递到学校门口。当天晚上就敷上了。

因为要敷面膜，不能说话，也不能笑，小美早早地就躺在床上。你还别说，小美已经很久没有这样跟自己独处过了——寝室里很安静，只有外面风吹过树叶的声音。小美的心开始变得平静。还有一个多月，我是这样认命地混过去还是可以为自己做点什么？一个月后我会感谢今天的自己还是为今天的不作为而悔恨？明天我会去往哪里，和谁相遇和谁相知？这一切都是未知，几年在这个学校生活和学习的场景如电影般在小美的眼前回放。小美觉得自己瞬间变成了一个哲学家，开始思考人生最终极的命题——我是谁，我从哪来，要到哪去。正当小美沉浸在对自己的思考中时，寝室里有了一些骚动——小美去哪儿啦？怎么没回寝室呢？原来小美寝室里都是学霸，平时大家下晚自习都会很自觉地看书、刷题，只有无所事事的小美要开开玩笑，活跃一下气氛，大家已经习惯了这个“没心没肺”的家伙来搞事情。可是，今天的寝室异常安静，大家还有点不习惯了，于是惊呼着小美去哪了。当大家发现小美正平静地躺在床上悠闲地敷着面膜时，大家都惊呆了。小美第一次从学霸的眼里看到了崇拜——“小美，你的心态真是太好了！”学霸们啧啧称奇。敷着面膜的小美不能笑，但是她的心里已经乐开了花——妈妈咪啊，这是她三年来第一次听到来自学霸们的赞美！原来我也有优点，原来我也有让别人羡慕的地方！

面膜神奇功效一：来自学霸的叹服！

你也许觉得大惊小怪。我告诉你，我们的孩子对赞美的渴望犹如对空气和水的需求。他们用这样那样的方式很多时候都是想引起别人的关注，唰唰存在感。像小美这样的“学渣”，内心的压抑和愤懑积压已久，这样的赞美在高三这样的阶段的价值绝对不亚于久旱逢甘露来得沁人心脾。

美美的一夜，心绪缭绕的一夜。

第二天，小美像平时一样去上课。她是踩线生，是重点保护对象，所以坐第一排特殊位置。第一节课，平时的小美都是霜打的茄子——蔫兮兮的，很没精神。那天不知道什么原因，估计是面膜的荧光作用很好，总之她本来就光洁的额头显得“熠熠生辉”，慈祥的老师许久没有见到小美有这样的状态了，语重心长地感慨：哎哟，小美，状态不错，精神很饱满嘛。最后一个月，你终于有点高考的样子了！老师这一高兴啊，立刻给小美的妈妈打了一个电话。这个时候老师和家长都是命运的共同体。平时都是听老师抱怨自己的孩子学习不上心、不努力，现在听说自己家的铁树终于开花了，母亲激动得泪眼婆娑。母亲第一时间打来贺电——“宝贝啊，妈妈相信你。只要你不放弃，坚持到最后，妈妈相信你一定能实现你的梦想。”母亲这个时候一定化身成了一位励志大师，把平生关于最后关头力挽狂澜的故事都给自己的孩子作为了论据。各位妈妈，自行脑补那个激动人心的画面！

如果只有一个人说你状态好，你不会信以为然，但是你周围所有人都说你好，你就会下意识地受到暗示，看来我真的很棒！

神奇的多米诺骨牌就这样层层推倒了。

面膜神奇功效之二：全世界都来帮你！

“吸引力法则”，指思想集中在某一领域的时候，跟这个领域相关的人、事、物就会被他吸引而来。有一种我们看不见的能量，一直引导着整个宇宙规律性的运转。心之所向，心之所往，如果你迫切想要什么，全宇宙都会联合起来帮助你。小美一定是突然之间启动了这个按钮，她开始审视自己的行为，有条不紊地开始进行自己最后一轮的复习和冲刺。她继续敷面膜，继续受关注，继续前进，没有焦虑的小美，放下了心中的很多包袱，反而越学越轻松，她说这一个月在别人那是最紧张、最煎熬的，于她却是高中最充实、最愉悦的时光。

最后的高考，她超过重点线 2 分，结束自己百分之零点几的“宿命”。

今年教师节小美来学校见我。烫了头发，画了淡妆，穿上裙子和高跟鞋，我几乎没在第一时间认出她来。她笑盈盈地，带着青春朝气蓬勃的自信，有那么一刻我真的觉得这个女子有着令人侧目的美丽。

她见面第一句话就对我说：“龙老师，敷张面膜吧，至少你可以美。”我俩心照不宣地一笑，继而像闺蜜般拥抱在一起。

面膜神奇功效之三：你本来就很美。

我读心理学时，当看到皮格马利翁效应的时候，不以为然，觉得这只是一个传说、一个术语而已；当我跟学生讲罗森塔尔效应的时候我其实也只是觉得那只是一个实验，也许有很多巧合；还有安慰剂的故事等，我知道积极心理暗示的力量，但是没有真正体会过到底有多强大。这张面膜真实印证了这些科学家们的伟大和人心的神奇。

朋友们，又是一个普通的夜晚。你是否和我一样结束繁忙的工作或者是繁重的家务，让我们与自己好好地独处，敷张面膜，静静地想想自己的过往与未来，放下心中的纠结和不满，让那些内心叫嚣的声音停止下来，和自己平静地相拥和对话；敷张面膜吧，听听来自内心深处的声音，即使没有来自外界的赞美，当你撕下面膜那一刻，不妨对自己说，我真的很棒！明天早上当你迎来清晨的第一缕阳光，别抱怨又是极具挑战性的一天，请亮出你高高的额头，因为你值得拥有最美的一切！

触摸自己

今天上课，我带了一个小礼物到班上，藏在我的身后。我叫几个同学到讲台上来，看了这个礼物，问他们是否喜欢。孩子们或羞涩或迷惑或若有所思——喜欢或者不喜欢？是的，你猜对了，我带的是一面镜子，镜子里呈现的正是我们自己的样子。

有没有想过这个问题——我是否喜欢我自己？如果再多一些选择，我会做现在的自己吗？如果可以改变，我想改变哪些？

小 A 同学对我说："老师，你不觉得我的鼻子是歪的吗？"我看着完美无缺的青春脸庞说："很好啊。""不是的，老师，你仔细看，就是歪的。我妈妈答应我了，高三一毕业就带我去韩国。"后来听说，小 A 整了鼻子，又削骨了下颌，还打算断骨增高……母亲伤心地说，她说好的这是最后一次，可为什么就停不下来了呢？

小 A 真正不喜欢的是她自己，无论整成什么样子。

妈妈再也不用担心我的学习了——这句广告词放在小 B 的身上再合适不过了。他就是传说中别人家的孩子，成绩好，性格好，多才多艺，还是班上的班长，这么完美的孩子谁见了谁喜欢。可是就是这样的一个孩子，最近却出现一个令人头疼的问题——一到考试就拉肚子。严重的时候拉得人都要变形了，且吃药打针都没有用。平时这个孩子的身体挺好的，刚开始遇到考试拉肚子，大家都以为是巧合，后来这样的情况每每发生，大家才意识到优秀的小 B 陷入了深深的恐惧和不安。

也许小 B 并没有那么自信，他喜欢的是自己光彩夺目的一刻，却无法接纳自己有丝毫的偏差存在。

小 C 是个很普通的学生。普通得扎人堆里都会忘了他的存在。表扬不属于他，批评也不属于他，日子不咸不淡，生活无惊无险。小 C 每次来见我，都会为自己代言，“老师，我叫什么。”我说：“我知道，你已经说了很多遍了。”他总是苦笑，“是吗？像我这样的老师你记不住很正常。”小 C 的父母也是非常普通的工薪阶层，对小 C 说得最多的就是，像我们这样的家庭，一切都得靠自己。也不知道为什么，小 C 经常对父母发火，事后又很后悔，他也不知道自己为什么总是对父母不耐烦，甚至听到他们的声音都觉得讨厌，可是父母明明对自己很好啊。我不是应该感恩吗？大家对小 C 很宽容，称这个叫青春期逆反。

小 C 不是逆反了，他是不接纳平凡的家庭和平庸的自己。这一切不是他想要的，他不喜欢如此不起眼的自己。

学校举行了盛大的艺术节，同学们在舞台上载歌载舞，下面挥舞的荧光棒照亮了整个夜空——一场视听的盛宴！小 D 同学却消失在喧闹的人群中，独自一人躲在寝室里哭泣——别人都那么闪亮，唯独自己什么都不会：她恨自己貌不惊人，恨自己歌声平平，恨自己舞姿全无，连站上舞台的勇气都没有，她更恨父母，小时候她说不弹钢琴了，父母也就没有强迫，以至于到今天她无一技之长，弄得如此狼狈。别人都是白天鹅，而她却是一只可怜兮兮的丑小鸭。

小 D 被别人的光彩照得弄丢了自己。

每个人的内心深处都有一个填不满的坑。我们讨厌那个丑陋贫穷的存在，我们厌弃那个懦弱无知的自我，我们不甘于人后，于是我们挥舞鞭子，不断激励自己要变得更强大、更闪亮，这样这个坑就会一点点地被填满。当我们发现无论我们怎么努力，那个坑都在的时候，总有人在这里或那里优于我们，我们就会指责自己的无用、懒惰、愚蠢，于是我们抓狂，我们愤怒，我们痛哭流涕。

其实，峣峣者易折，佼佼者易污。阳春白雪，和者盖寡。盛名之下，其实难副。每个人都是珍贵的存在，你有你的万丈光芒，我也有我的独特芬芳；你很优秀，但我也不差啊。不是阳光明媚的日子才值得歌颂，阴雨霏霏的时光也是另一种意境。万物有裂痕，阳光才会进来。你能否为自己是个普通人而感到骄傲?

我们生活在一个讲究爱别人的国度。从小我们被教育爱这个世界，爱这个国家，爱集体，爱他人，可很少被教育我们首先要学会爱自己。爱自己不是不作为，任由自己的一切顺其发展，而是心悦诚服地接纳自己的一切，然后义无反顾、酣畅淋漓地去实现自己，这对自己才不会是一场辜负。

亲爱的大朋友、小朋友，我们赤手空拳来到这个世界，我们都是普通而又尊贵的存在。普通的是我们和所有人一样要对自然和命运产生敬畏之心，尊贵的是每一个灵魂都是独特的存在，都可以用自己的方式发光、发热，获得自己存在的价值感和成就感。我们从小到大都有一个共同的“敌人”叫作“别人家的孩子”。是的，在这个世界上，总有一些人比我们优秀，比我们精明，比我们拥有更多我们期待已久的一切，但是请在真诚地仰视别人的时候，也拥抱一下面前的自己，对自己说：“我也很棒，我接纳我自己，我感谢我所拥有的一切，我如此地爱自己。”

我很喜欢印度的这首小诗《触摸自己》，分享给大家，一起吟读，用心体会。

你靠什么谋生，
我不感兴趣。
我只想知道，你渴望什么，
你是否有勇气追逐心中的渴望。

你面临怎样的挑战、困难，
我不感兴趣。
我只想知道，
你是怨声载道，
还是视它为一次学习和成长的机会。

你的年龄，我不感兴趣。
我只想知道，你是否愿意冒险，
哪怕看起来像傻瓜的危险，
为了爱，为了梦想，
为了生命的奇遇。

什么星球跟你的月亮平行，
我不感兴趣。

我只想知道，
你是否看到你忧伤的核心；
生命的背叛，
是敞开了你的心，
还是令你变得枯萎、害怕更多的伤痛。

你跟我说的是否真诚，
我不感兴趣。
我只想知道，
你是否能对自己真诚，
哪怕这样会让别人失望。

你跟谁在一起，
我不感兴趣。
我只想知道，
你是否能跟自己在一起。
你是否真的喜欢做自己的伴侣，
在任意空虚的时刻里。

你有怎样的过去，
我不感兴趣。
我只想知道，
你是怎样活在每一个当下。

你有什么成就、地位、家庭背景，我不感兴趣。

我只想知道，
当所有的一切都消逝时，
是什么在你的内心，支撑着你。
愿我看到真实的你。
愿你触摸到真实的自己。

相信的力量

我到现在的学校来上班，恰逢初二有一个班的班主任要休产假，于是我当了这个班的“临时妈妈”。刚好这个班这学期转来一个新同学，就是我今天要分享的故事的主人公，我们叫他小奇吧。“我们俩都是新来的，请多关照。”我对小奇说，小奇腼腆地笑了。

我逐一分析班里的孩子。小奇是我最看好的一个。他思维灵活，知识面广，乐于学习，且很善于思考。我把小奇叫到办公室，对他说了我对他的看法。他的眼睛里闪耀着明亮的光芒——来自班主任的肯定对于一个初二的学生来说是很有分量的。但是接下来大大小小的考试，小奇都没有创造奇迹，和刚进校的成绩相差无几，一直都是班上的十几名。

小奇很沮丧。

我帮小奇做了成绩分析。我发现他是语文太差，每次都不到平均分。原来小奇来自一个偏远地区的小镇，他们的教材和我们的教材不一样，尤其是文言文这一块，小奇一点基础都没有，所以被扣分很多。我安慰小奇，告诉他起点不一样，要耐心等待自己，慢慢进步。小奇悟性很高，不急不躁，踏踏实实学习，简单而快乐。我们似乎有了某种默契——小奇想要证明他自己不错，我也想证明我自己眼光不错。就这样，小奇经历了大大小小很多次考试，但每一次都有这样或那样的失误，成绩都不太理想。终于半期考试后，小奇飞速地跑到我面前，握着我的手说：龙老师，这次成了，没什么失误。我很激动，我知道这个孩子太需要一次证实自己的激励了。

成绩出来那一刻，我第一时间就去看他的排行——前 10 名，没有他的名字；10 多名，也没有他的名字。28 名，史上最低。我都不敢相信自己的眼睛。英语只考了 120 分，平均分都没有上。我不相信他只有这个水平，我找来他的机读卡，原来答案填错位了。我把答案一一给移了过去，算算分数，刚好是我们班的第三名。

我见到了小奇，他耷拉着脑袋，一下子没有了精神劲儿。他泪眼婆娑地问我：老师，你是不是对所有学生都这样说？我知道我不优秀，你是在安慰我。当天晚上我也接到他爸妈的电话，夫妻俩对我对孩子的殷切希望和极大认可表示万分感激，还反过来安慰我，说小奇在原来的学校优秀，估计是因为小镇上教育水平一般，到我们学校了，才知道山外有山，天外有天，强中自有强中手，我们自愧不如啊。

我知道这一家人都面临着一个问题，叫习得性无助。这是积极心理学家马丁·塞林格曼提出的一个概念。习得性无助（Learned helplessness）是指通过学习形成的一种对现实的无望和无可奈何的行为、心理状态。当我们三番五次地遭遇失败和打击，人就会对自我产生怀疑和否定，从而情绪和智力水平得到抑制，更加难以发挥出自身的水平。这也叫作自我设限。自我设限的危害是非常大的，它是一块巨石、顽石，在人生及事业成长道路上，阻碍着人们前进。我必须帮助小奇突破自我设限。

我找到小奇。看着他，坚定地说：孩子，你觉得你热爱学习吗？小奇说，是的，我很喜欢。我又问：你觉得自己学得轻松吗？他说，是的，很容易，特别难的题多思考多问也就解决了。我再追问：你有自己的学习方法吗？他说，有的，预习、复习，从来都不敢马虎。我说：你热爱学习，说明你的学习动机强；你学得轻松，说明你学习能力强；你有学习方法，说明你学习习惯好；你想，一个想学、能学、会学的学生会学不好吗？如果硬要说你缺乏什么？我想你缺自信，缺对自己的信任。你总是靠外在的评价来寻找自己，而忘了你自己才是最值得信任的人。小奇看着我，似乎一下子明白了很多。从那以后我们经常去逛生态园，每次考完试，或顺利或不顺利，我对小奇说得最多的就是这句：我们要相信自己。

就这样，半学期过去了。休产假的老师回来了，我也光荣地从班主任的岗位上“退”下来了。接下来的一年，小奇不常来看我，但偶尔在学校里遇见，他总是坚定地用眼神告诉我，他不会再迷失自己。就这样，中考成绩出来，班主任见到我激动地说，你猜我们班第一名是谁？当她说出小奇的名字时，我一点都不惊讶。这不是一匹黑马，小奇只不过得到了他该得到的。

高中三年，小奇去了另外一所学校。每年教师节他都会给我打个电话，这已经成了一个惯例，而挂电话那一瞬间，他总是会说，龙老，谢谢你，你让我认清了自己，告诉我什么时候都不要轻视了自己。我很欣慰，我知道这句话已经深入他的骨髓。

高三那年一个平常的上午。我上完课，回到办公室就见到长成大人模样的小奇。他一如三年前腼腆地一笑说：龙老，我回来看看你。一阵寒暄后，我突然觉得不对，今天是周一，小奇应该在学校上课才对。他看着我，笑盈盈地说：龙老，我今天刚从北京回来，北京大学实名制推荐，我过了。我跟老师请了半天假，一下飞机就直接过来看看你。走的时候，小奇说，老师，我能抱抱你吗？我和小奇相拥那一刻，我俩眼里都含着泪花——老师，谢谢你，你比我还相信我自己。我的眼泪夺眶而出。

小奇如愿以偿，去了北京大学。大一那年的教师节他的电话又如约而至，他说，老师，在人才辈出的北京大学我该如何自处？我说，三句话：活着，活好，活出价值。最重要的是——电话那头，他爽朗地笑着说——相信自己。

是的，相信自己，这是一句誓言。它是我们绝境中的一盏明灯，是冬夜里一团烈焰——相信自己，才会产生无穷的力量；相信自己，贫瘠的心田才会滋养出希望；相信自己，才会创造出未来更多的可能。在这个依无可依的社会里，你能依靠的往往只有你自己。

后来，小奇由于成绩优秀在大三的时候保送了北京大学的研究生。再后来他交了一个北京大学的女朋友，还把照片传给我看，让我帮他把关。每当这个时候，我就想起我第一次见到这个小男孩时，他眼睛里闪耀的光亮。

去年，我去清华大学、北京大学学习的时候，正在积极复习迎接考试的小奇说什么也要赶过来陪我。他陪着我游未名湖，跟我聊他对未来的设想，站在这个踌躇满志的青年才俊旁边，我满是骄矜之气。那一刻，时光都似乎停滞了。我们师徒站在湖边，感慨着光影似水流年，静听风吹过的声音，久久不忍离开……

我与儿子有个约会

这已经是好几年前的事了。因为现在想起来都觉得有点意思，所以分享出来。

故事的主人公我们就叫他小明吧。是的，就是很多笑话里那个不着调的小明同学。他也是这样的一个男生，他哗众取宠的言论惹得老师直跳脚，全班同学哄堂大笑。小明无忧无虑，也没什么心机，虽然大错不犯，小错不断，大家对他还是比较宽容。小明的妈妈经常说的一句话就是："我这个儿子啊，什么时候才长得大?"

日子过得有惊无险。

转眼就到了初二下期。九月刚开学，天气还很闷热，同学们穿的都是夏季校服。我们学校当时的夏季校服是白色的，有些透。处于青春期的女孩子都比较害羞，所以一般在里面都会穿一件背心。有一天上午，也不知道什么原因，总之小明就是百般无聊啦。用网上的话来说，老师以4G的速度讲课，"学霸"以Wi-Fi的速度听着，"学神"以3G速度记着，"学屌"以2G速度干瞅着，"学渣"当场掉线！估计这个时候小明确实掉线了。所以他突然注意到了前面那个女同学。他伸手拉了拉那个女生的肩带，女孩扭过头，红着脸，嫌弃地看了他一眼。他也不知道哪来的勇气，越拉越起劲。就在那一瞬间，也许是用力过度，女孩疼得大叫了一声。老师和全班同学都被这惨烈的惊叫声震住了。“老师，小明耍流氓！”旁边的一个小个子同学站起来大声说道。女孩羞愧难当，起身跑出了教室。小明的手尴尬地悬在空中，“我没有，我，我不是故意的。”老师怒目圆睁，使出杀手锏，“小明，你给我出去。”

小明估计也没有意识到自己的调皮后果会如此的严重。看见老师和同学们凝重的表情，他突然意识到这次可能没那么容易过关了，所以他乖乖地走出了教室。接下来事情的发展就由不得他了。同学们开始窃窃私语，说小明对这个女生已经偷窥了很久；还有人说小明平时就眼神不正经，经常看女生的胸部；还有人更夸张地说，小明有一次中途回寝室，不是去的男生寝室，而是去的女生寝室；甚至还有人说小明很变态，经常说黄段子……跑出去的那个女生本来只是觉得当时很尴尬，听大家这么一说，更是觉得自己受了莫大的委屈，于是就用寝室的电话给自己的父亲打了一个电话。电话那头的父亲听说女儿在学校课堂上居然受到了这么大的侮辱，叫嚷着要到学校讨个公道，且扬言要“废”了这个“流氓阿三”。班主任也意识到事态的严重性，立刻给小明的妈妈打了电话。小明妈妈接到老师的电话立刻从单位请了假，心急火燎地往学校赶。

在赶往学校途中，她的妈妈给我打了一个电话。电话这头的我都能感受到母亲不可遏制的愤怒。“老师，你说这个孩子是不是有毛病啊？他平时就不让我省心，你说小打小闹也就算了，他这次真是太过分了。什么事也要有个度嘛。你说我们一家人对他的教育一向正统，他怎么就做出这么伤风败俗的事情呢？难道青春期发育哪方面不正常吗！”面对压制不住自己愤怒情绪像发连珠炮似的母亲，我耐心细致地听她宣泄完后对她说：“我给你一个建议，见到儿子，给儿子一个拥抱吧。”我看不到小明妈妈的表情，我只听到她在电话那头停顿了三秒，似乎怀疑自己听错了——“拥抱，天啦，我不给他一耳光就算不错了！”“你可以试试。”我依然坚定地说。

接下来的故事就是小明妈妈和小明在回访我的时候讲的。小明妈妈怒气冲冲来到学校，直冲五楼。她说：“她的肺都要气炸了，一直知道这个儿子不靠谱，但确实没料到他这么没有分寸。”她说：“她要好好教训他，让他知道天有多高地有多厚。是的，这次绝不心软。但是当她来到五楼，长长的走廊上她看到一个熟悉的背影。现在正是上课时间，所有的孩子都在教室里上课，唯有她的儿子孤零零地站在那里。她很少看到儿子这样的背影，小小的，瘦瘦的，她突然鼻子有些发酸。她放慢了脚步，走过去，拍拍儿子的肩膀。儿子猛地回头，怒气冲冲地看着她。”儿子后来说，当他一个人站在走廊上，老师和同学指指点点地从他面前走过，说什么的都有，又听说女孩家长正火速赶往现场来审判他这个流氓，他当时就想，我完蛋了。喊家长，喊吧。无外乎又多一个人与我为敌而已。小明妈妈看着儿子倔强得甚至有点扭曲的脸，她突然明白了我为什么让她给儿子一个拥抱——此时儿子在与全世界对抗。她轻轻地抚摸了一下儿子的头，紧紧抱住儿子，什么话都没有说。后来听旁观的老师讲，儿子一开始一直不承认自己的错误，一副桀骜不驯的样子，没想到妈妈的一个拥抱让儿子眼里噙满了泪水。倔强的心被温暖的拥抱融化了。儿子说：我当时就在想，如果妈妈要骂我，打我，我就跑了。全世界都抛弃我了，只有我的母亲没有。

后来问题解决得很顺利。校方出面协调，我作为心理老师安抚了女孩的家长和其余的孩子，平息了这场风波。青春期孩子的一些行为不能按成年人所建构的世界观去衡量。站在道德的制高点去解读孩子的无心之失，有的时候对于孩子来说将是莫大的伤害。很多老师和家长不愿放弃惩罚的手段，是因为我们以为与之对应的只有姑息迁就——其实在被认同的爱的前提下制定规则，展示了一种既不惩罚也不姑息的方法。研究表明，只有 5%的人生学习来自“教诲”，而我们所能记住的 95%均来自家庭和社会的互动。家庭，是孩子学习人类生活基本常识的地方，恐惧是一切冲突的根源，而一个充满爱的家庭关系，是一个没有恐惧的地方。

问题本身不是问题，如何解决问题才是问题。

真正让我们感到意外的是，这件事以后，小明长大了很多。在学校，认真学习，虚心接受老师的教导，和同学说话彬彬有礼，学习成绩也上升了很多；老师和同学都觉得小明像换了个人似的。特别是小明的妈妈觉得孩子仿佛回到了小时候，对她很是温柔，经常嘘寒问暖，关怀备至。有一次，她和小明爸爸吵架，小明爸爸语气重了一些，小明像个成年人一样对父亲说：你怎么能这样对你的妻子我的母亲说话呢？小明妈妈简直受宠若惊。后来，小明妈妈经常和孩子一起逛街，买衣服都是小明给妈妈建议，站在高出自己一个头的儿子身边，妈妈觉得特别满足和骄傲。每个周末放学，妈妈就做好一桌饭菜，打扮得美美的，喜滋滋地等待儿子回家，她自己在 QQ 签名上戏称——“我与儿子有个约会”。

教育就是这么神奇，有的时候一个小小的举措可能改变孩子的一生。一个拥抱，是一份尊重，是一份接纳，是一份包容，是一个母亲对孩子无条件地接纳。在爱中长大的孩子才有安全感，才能与别人和世界和谐共处。如果你是小明的妈妈，你当时的选择会是什么呢?

我们都知道最好的教育是爱，我们也都在谈爱，那么什么才是真正的爱呢？我想这需要我们每一个教育工作者深深地思考，修炼。

一把坚实的大锁挂在门口，一根铁杵费了九牛二虎之力还是无法把它撬开。可是一把钥匙呢，它瘦小的身子钻进锁孔，只轻轻一转，大锁就“啪”的一声打开了。铁杵奇怪地问：“为什么我费了那么大的力气也打不开，而你却轻而易举就把它打开了呢?”钥匙说：“因为我最了解它的心。”

从童话中醒来

荣格说，所谓的智慧与厚重，其实是各种挫败的磨炼，一个有深度的人一定是有故事的人。我的职业优势让我聆听和参与了很多故事，但是无疑我的故事都跟“磨炼”有关。今天我要分享的故事叫作《从童话中醒来》，出于心理咨询的保密原则，我需要征得来访者的同意，故事的主人公当时是一个初二的女生，我们把她叫作小楚吧。我给她打去电话，说明了来由，没想到她竟爽快地答应了——她说，我们需要的不是解脱，而是一面照亮自己的镜子。

第一次见到小楚是在四年前的一个午后，下午第一节课，一个胖乎乎的女孩探头探脑地走进了心理咨询室。她为了逃避上生物课而来到咨询室，因为觉得自己身上有狐臭，老师讲的内容正好与这个有关，害怕同学嘲笑她。经过我的心理辅导，她开始去面对这个看起来是生理问题实则是内心自卑的困扰。从那以后，小楚来找过我几次，我们之间建立了信任感，慢慢地困扰她的狐臭问题得到解决。除此之外，小楚总是跟我眉飞色舞地分享很多校园里的逸闻趣事，大大咧咧的，显得有些没心没肺。

两三周后的一个星期五，咨询室来了一位中年女士，穿着非常得体，但重重的黑眼圈显示她可能睡眠不太好，眉宇之间的焦虑和不安使得她看起来很是憔悴和苍老。一见到我，她就开始介绍孩子的情况。疯丫头，大大咧咧，学习不努力，贪玩，幼稚…… 这周我们母女又因为学习而大吵了一架，这个孩子居然说，我更年期到了，应该去看心理医生。她说她看了，效果很好，所以，我想来打听一下你都跟我女儿说了些什么。我一时有些对不上号。中年女士翻出手机里的照片，我一下子就认出了这个胖乎乎、脸红彤彤的女孩。是小楚！小楚妈妈说，我试着跟她沟通却不知道怎么说，就连学习，也是自己说得多，但一点效果也没有。经过这么一段时间的接触，以我对小楚的了解，我觉得妈妈的判断是准确的。这样的性格和这样的学习动机，相信结果肯定与她妈妈的期望相去甚远。

果然半期考试小楚的成绩班级倒数第一，小楚妈妈邀请我到她家做客，电话那头我都能感觉到她的无奈与失望。小楚的家住在一个 80 年代修建的职工宿舍，说是家其实就是不到 20 平方米的一间房间。这样迷你和局促的环境，却被女主人精心地隔成了一间卧室和一个书房；粉红色的壁纸、钢琴、各种女孩喜欢的芭比娃娃、毛绒玩具，让我仿佛置身于一家精品饰品店。小楚坐在钢琴前为我弹奏了一首她最近学的曲子，妈妈系着围裙依着窗满足地看着女儿，眼里满满的都是爱。时光定格下来，我仿佛置身于童话的世界。

后来和小楚妈妈的交谈中我了解到，三年前小楚爸爸遭遇了意外，一根钢管插进了头颅，手术后捡回了一条命，但却落下了癫痫的毛病。每次爸爸晚上发病倒在床上扭曲、狰狞的样子让母女俩惊恐万分。为了女儿的身心发展，小楚妈妈强行要求他爸搬到厂里居住，为此女儿对她意见很大，埋怨母亲嫌弃父亲。可是看着女儿夜里攥紧的拳头，她依然坚持这么做。其实他们感情本来就不好，几年前就准备离婚，现在婚是离不了的了，但这个可怜的女人把所有的希望都寄托在孩子的身上。她说："小楚投胎在我们这样的家庭，遇到这么没出息的爹妈，已经很可怜了。我砸锅卖铁也要给她最好的条件，读最好的学校，我希望她和所有的孩子一样什么都不缺。"可怜天下父母心啊！我的心一阵绞痛。这就是我们中国式的母爱！提供给孩子最好的物质条件真的是给孩子最好的爱吗？我告诉小楚的妈妈，她犯了全天下母亲都容易犯的错，爱到没有自我。真正的爱是尊重，是理解，是平等。孩子有权利知道事情的真相，也有义务和妈妈共享生活的悲欢。你把她置身于童话世界中，独自一人挡住了外面的血雨腥风。这样的小楚怎么能成长？那天，小楚妈妈的眼泪一直都没有停过。

这样虚幻的童话世界终于有一天被现实击得粉碎。每个星期五，小楚妈妈都会去帮患有白内障八十多岁的老母亲洗澡，眼看就要到小楚放学的时间，她开始骑着自行车往家里狂奔，却不料天突然下起了大雨。体力不支的她只有推着自行车走；就这样，雨水、泪水、汗水哗哗地流了下来。当她赶回家的时候，见到小楚已经在家乖乖地做作业了。狼狈的母亲跑到阳台去收干净衣服，小楚卖乖地说自己已经做了很多作业，一点电视都没有看。母亲收下衣服，顺手摸了摸电视，滚烫。不知道为什么，那天她再也控制不了自己的情绪，拿起衣架就给女儿打了过去。边打边骂，哭着闹着把这么多年自己的委屈一股脑儿地说了出来，最后一屁股坐在了地上，像个泼妇一样，号啕大哭。女儿吓坏了，她从没有看见过自己得体的妈妈如此疯狂，也不知道原来妈妈背着她承受了这么多的伤痛。那天晚上，母亲听见小楚不停地翻身，一夜未眠。她跟我说，她觉得自己好残忍，让一个十三岁爱做梦的女孩承受这样的生命之重。我告诉她真相不能隐蔽和遮盖，而是启发和照亮。不要剥夺孩子与你共享的权利。

接下来我在学校里多次看到小楚，她沉默了很多，据班主任说，简直是判若两人，原来无忧无虑的她，现在随时眼里都噙着泪水，问她，却什么都不说。很多人的心里都会有一个结，这个结多在青少年时期形成。心灵创伤治疗第一步就是了解真相，第二步需要澄清和接纳。我找到小楚。她沉默了很久以后，对我咆哮——为什么要告诉我这些？为什么是我？我一直以为我和同学们一样能读这所学校是多么骄傲的事情，现在你告诉我其实我不是一只骄傲的孔雀，而是乱入的一只山鸡？可笑吧？我就是一个小丑，我妈妈就是个彻头彻尾的骗子！我理解她的感受。真相一旦被揭开，就像切开了毒瘤之后稚嫩的血肉也暴露了出来，疼痛无比。这就是知道真相的代价。所以我们很多人怕这样的疼痛，宁愿选择对现实的屏蔽，美其名曰“善意的谎言”。其实当我们都急于展现自己最好的一面时，都忘了真实是最有力量的，谎言终究是谎言。

孩子，接纳自己的不完美，接纳生活的不完美，从童话的世界里走出来才能拥抱现实的风雨。一个人的单纯和善良不是在美好中呼唤美好，而是在看清不美好后仍心存善念和前行的力量。后来几个月，小楚每周都会来找我做心理咨询，我聆听她的愤怒，梳理她的纠结，引导她的规划。小楚的妈妈后来和我也成了好朋友，我们谈亲子沟通，谈职场困惑，聊恋爱婚姻，聊女性的成长……小楚的妈妈笑容多了很多，她说她最大的收获不是懂得了怎么样教育女儿，而是学会了怎么样让自己更好。

一年后小楚进入初三下期。学业的紧张使得她很少来咨询室。偶尔我在校园里碰见她，都见她健步如飞，行色匆匆。有一天中午我回到办公室，桌上放了一张纸条："请原谅我没来见你，每次路过心灵小屋，看着隐约透出的橘黄色灯火，我的心里都很温暖，我知道'you are here'。请放心，我很有耐心不与繁华追逐，因为最美的在心，不在远处。"我的眼泪止不住掉了下来，我知道小楚已经结束了破茧的痛苦的过程。初中毕业后，小楚放弃了直升，选择了一所就近的公办高中，她说她很爱母校，但她要立足现实，同时多一些时间陪伴妈妈。去年，小楚考上了一所北方的大学，暑假，她和妈妈去了云南。她说："妈妈最喜欢听的就是《彩云之南》这首歌。"美丽的洱海，母女相拥，笑靥如花。

从童话中醒来，小楚学会了在真实生活中把握自己的人生方向。放下虚假的美好，小楚妈妈学会了与女儿的相处之道，并让自己的人生也如花般绽放。

她们的故事并没有结束，但是，我相信未来的人生她们可以过得幸福。

穿越至暗时刻的力量

一张来自 1993 年的照片，就这样毫无预警地在我们的社交网络上爆红。图片上的葛优还有头发，但和现在一样消瘦。他嘴边蓄着胡碴儿，穿着奶奶花衬衫，嘴角微张，宛如灵魂出窍，一脸生无可恋，瘫躺在舒适松软的大沙发上。这张图出自情景喜剧《我爱我家》，这集说的是葛优所饰演的季春生，在贾家蹭吃蹭喝的故事。

这是一个社会“废柴”的形象，这是一个很流行的文化——“丧（sang）”。

请看百度对它的解释：

丧文化，指一些“90 后”的年轻人，在现实生活中，失去目标和希望，陷入颓废和绝望的泥沼而难以自拔地活着，他们丧失心智，漫无目的，蹒跚而行，没有情感，没有意识，没有约束，只能像行尸走肉一样麻木地生存下去。

作为一个心理咨询师，如果你要问我最害怕哪种类型的心理咨询，我会毫不犹豫地告诉你——是“丧”。那是一种毫无生气的生命状态，毫无自尊的自我放纵，毫无希望的自我欺骗。“我的人生理想是当一张饼，瘫在那里。”如果说佛系少年还有点那么怡然自得的快乐感的话，“丧”则有一种让你觉得腐烂朽坏的绝望感，那种人生热情的全盘低下，任何事物都激发不了兴趣和能量的麻木和冷漠。

你要问我这样的个案多吗？我会告诉你，很多。甚至他们没有可以吐槽的人和事，更谈不上遭遇了任何打击和挫折，就是一种感觉和状态。

人生“无可奈何”，角色“无名小卒”，命运“无所适从”，改变“无济于事”，挫败“无处不在”，成功“无人问津”，状态“无精打采”，情绪“无所顾忌”，灰暗“无孔不入”。

有的人像太阳，走到哪里哪里亮；而有的人则像黑洞，深不见底，吸星大法般地汲取你的能量，让人不知不觉中也开始变得无助无望起来。

与很多年轻人的“丧”相比，我想说另一群可爱的人。不用问我什么样的缘由，总之，他们有一条“黑狗”——抑郁症、焦虑症、强迫症等神经症。这是一种很痛苦的疾病，伴随着强烈的躯体化反应，越极力控制越挣脱不了。往往这些神经症患者都经历了一条漫长的医疗康复的路，充满了无数的艰辛和痛苦。由于国人对神经症缺乏科学的认知，对这条路还充满了不解与指责，来自亲人的漠视很多时候比疾病本身还要可怕。

在这样的情况下，他们比谁都有理由“丧”下去，因为他们真的是无能为力。不是不想好，而是做不到。我见过很多抑郁症和焦虑症患者，人的力量在疾病面前是真的很脆弱——漫无边际的恐慌、焦虑、无助、绝望让人感到窒息。台湾大学的一个教授比喻焦虑症，说犹如一个人置身于原始森林，面对一大群豺狼虎豹，你想想是怎样的一种心境。所以，这个时候再对他们索要坚强真的是一件很不人道的事情。

这是他们生命里的至暗时刻。

每个人的生命中总有身陷低谷的至暗时刻，他们的至暗时刻分外艰辛——来自心灵的自我否定，来自无法对身体的有效管控，生活在他们面前失去了该有的颜色。

然而就在这样的时刻，我仍然看到生命的力量。那是一种经历巨大的、逆境或创伤，并度过、幸存下来的人身上所展现出来的一种力量，一种穿越黑暗的力量、自我挣扎与救赎的力量。

W 先生就是其中之一。

生活平顺，二十五岁研究生毕业，实现“五子登科”（房子、车子、妻子、儿子、票子）。是的，在同龄人当中算是“人生赢家”。有一年春节全家一起去三亚度假。上了飞机，W 就觉得胸闷，心慌，呼吸困难，并伴随手脚发麻，内心烦躁不安。巨大的绝望、痛苦向他排山倒海般袭来，美好的旅行因这突如其来的疾病而只好取消。接下来就是各项检查，身体指标都没有问题，最后诊断结果是重度焦虑。W 入院治疗了半个月后，按照医嘱，回到家中还要继续长期服药。按 W 的话来说，他把自己的“前世今生”都想了很多遍，也没有找到自己得焦虑症的原因。

世界上有很多事不一定都需要原因。存在的就是合理的。

这样简单的道理 W 先生用了好几年时间才明白。他的打破砂锅问到底的执着精神用在心理疾病上恰恰成了最大的桎梏。这就是心理学上的反弹思维。你越是想控制情绪，就越是被情绪所控制。

接下来的几年，生活发生了翻天覆地的变化。W 先生全部的精力都用在与焦虑症的对抗之中。到全国各地去看病，见过的心理咨询师多如牛毛，接触了各种流派的心理治疗，全家人也始终处于一种小心翼翼的状态之中，因为全然不知这个疾病作为家人应该如何相处。生活就像是跟 W 开了一个大大的玩笑，他苦笑着说：肯定是我的生活太顺了，老天爷要这样来惩罚我。

几年的奋力挣扎，让 W 和家人筋疲力尽。他开始“丧”起来，行尸走肉般地混吃等死。

没人去指责一个神经症患者无所事事的绝望生活。但是，我们就只能这样了吗？我们人类的力量就只能在神经症面前缴枪妥协了吗？W 先生看着自己年幼的孩子，他觉得自己应该做点什么。

他开始接纳自己的焦虑症。他说，就当成糖尿病患者那样，长期服药就行了。他不再纠结因何而起，什么时候痊愈，而是在服药期间，积极锻炼，规律生活，同时工作中善于与人协作，学会了放权放手，人际交往也开始频繁起来——他的自信心一点点恢复，生活的把握能力逐渐增强，心情也开朗了很多。每年三四月份，他的焦虑症会复发得很厉害，他就会在这之前周末加班，把时间腾出来休年假——很多朋友都联系不上他，都以为他去国外度假去了，其实他是给自己的焦虑症“放个假”，去医院住上两个星期。出院后继续自己该有的生活。

你也许会问，那他痊愈了吗？不是所有的努力都有美好的结局，到今天为止，W 先生的焦虑症也没有康复，但是他说这已经不重要了。他已经找到了与之相处之道，也巳经拥有了积极向上的生命姿态。

这是一个焦虑症患者的生命修复力。作为一般的人能够理解生活中的挫折和遭遇造成的人生低谷，这种精神上的至暗时刻，我们很难同心同理。

明尼苏达大学发展心理学家、临床医师诺曼·加梅齐（Norman Garmezy）在他四十余年的研究中，发现有一群特别的孩子，尽管经历过异常困难的处境，却也能走向成功。

其实不仅是这群特别的孩子，我们每个人身上都有这样的生命复原力，支撑着我们迎接每一天。是否遭遇至暗时刻，任何人都无从选择，但我们的确可以选择度过它、穿越它去看到自己生命中的另一种力量。

当这个世界不由分说地将破碎、残酷、曲折、欺骗、失败和病痛强加于我们的时候，我们预设的生活像瓷瓶般破碎，我们像蜗牛一样扭动着身躯，在地上慢慢地爬行。我们都曾是不怎么会消化痛苦的人，甚至还都曾是痛苦的“放大器”。面对痛苦我们浑身战栗，茫然不知所措。于是有人选择了“丧”，有人选择拒绝“丧”。

“世界以痛吻我，要我报之以歌。”泰戈尔的诗句想要传达的就是这样一份力量吧。

仅以此篇献给我最近身处“至暗时刻”的各位朋友们，相信我们持续的努力和点滴的积累，终将会让我们在生命的某处交汇，绽放出该有的光亮！

人生太苦，加点糖吧！

最近有一件事困扰着我，如鲠在喉，心情非常低落。今天早上上班，按惯例泡了一杯绿茶，这是我多年的习惯了。喝了一口，吐掉：太苦了。

中午友人请我吃饭，叫我点菜。我点了几个甜味菜，她很吃惊：你咋口味变了？我淡然地说：心里太苦，加点糖吧。

觉察自己的状态，与自己的状态友好相处，并懂得善待自己是我们每个人对自己的温柔。

有一个女人，在婚姻中隐忍了多年，尽管耗尽了所有的心力，但婚姻还是走到了尽头。办完所有的手续，她回到空荡荡的家，抱着靠枕蜷缩在地上号啕大哭。此时，她需要丢掉靠枕，真正拥抱一下自己，因为靠枕给不了她安慰，唯有自己。

心里太苦，给自己一点温暖和力量吧。

一个公司女领导，心急火燎地要赶往市中心的总公司开一个紧急会议。但是现在正值下班高峰期，也遇到出租车司机要交班，所以打车异常艰难。好不容易看到一个空车，司机犹豫了一下，还是决定载她一程。没想到，走到半途，不出意外地堵车了。女领导眼看着错过了开会的时间，而好心的司机也不能按正常时间交班。她非常懊恼，不停跟司机道歉，心情低落到了极点。没想到司机却说：堵车不是你的错，也不是我的错。既然不是你的错，也不是我的错，我们又为什么要自责呢？说完，非常平静地握着方向盘，淡然地看着外面的车水马龙和行色匆忙的人们。

是的，无须将所有的错误都揽在身上，不要对自己太多的苛责，是我们对自己的温柔。

她是我见过的最得体的女人。打扮得体，语言得体，见到她总是气定神闲，再复杂不过、再混乱不堪的情景，她也总是优雅从容，把问题处理得清清爽爽、滴水不漏。我对她仰望之极，因为很多情景在我眼里都是可以理直气壮地大声斥责或者剑拔弩张地当仁不让——没有硝烟的战争里，她总能何意百炼钢，化为绕指柔，这样的风度和修养让我望尘莫及。直到有一天晚上，她提出与我去吃点烧烤，喝点小酒。几杯酒下去，她开始喋喋不休地数落着各种奇葩事件、各种离谱的人，甚至言语里还夹杂着一些脏话、粗话。愤怒、不满、委屈、伤心，与她平时的温文尔雅判若两人。在街边的烧烤摊边，她眉飞色舞、顾盼生辉，让我觉得此时的她生动至极，可爱至极。原来“女神”也有下凡的时候。

我们努力地生活，努力地控制着自己的情绪，努力地做个更好的自己。可是我想说，你无须时刻要求自己事事都做得完美，适当地发泄情绪，忠于自己的感受，是我们对自己的慈悲。

以前有个同事，各方面都很出色，按她的话来说，她优点很多，但缺点致命。这个缺点是什么呢？是她一米五几的身高。其实这样的身高在成都这个温润的城市是再平常不过的了。但是她一直不能接受这样的身材。于是，在我们学校大家都说，从没有看到过她穿平跟鞋的样子，更恶意的表达是，她的高跟鞋没有一双低于 5 厘米，甚至她家里的拖鞋都是高跟。这件事在我们眼里是如此的匪夷所思，后来一个朋友去过她家，还真正证实了这一点。说她的鞋柜里找不到一双平跟鞋，包括拖鞋。（一个人的执念可以到怎样的程度可见一斑。）她有一个长得高大帅气的老公，每每看到她小鸟依人的样子，还有她老公宠溺她的眼神，我们都想不通如此幸福的人儿为什么就一定要在这个不是问题的问题上纠结。后来听说她离婚了，是她执意要离的。她说，她早就料到了，老公终究是介意她的身高的。十多年的婚姻就这样在她眼里用这个“荒唐”的理由结束了，没有悲伤，仿佛这一切她早已了然于胸。我仿佛看见她家的鞋柜堆满了高跟鞋，粗细不等的各色高跟鞋高傲得一如她现在决绝的眼神。后来，她的老公再婚了，另一半是一个比她还矮小的貌不出众的女人，同样的小鸟依人，但却人淡如菊。

或许真正介意的其实是我们自己吧。我们太在意别人的看法，背后其实是我们无法接纳并不完美的自己。好多人啊，可以对身边任何人宽容、友好，却一生对自己严格、苛刻。一边孤傲地收拾起自尊，一边默默地舔舐着撕裂的伤口。

林林总总的故事还有很多……

佛曰，人生有八苦：生，老，病，死，爱别离，怨长久，求不得，放不下。

第一类是生老病死，是人生的自然过程之苦；

第二类是爱别离苦、怨憎会苦、求不得苦，是人之所思所想得不到满足之苦。

如果第一类苦，我们无能为力，那么第二类苦，或许我们可以更多地放过自己，也许成全别人的时候，真正得到救赎的那个人，是我们自己。

杨绛先生说：“人生实苦。”简单的四个字，却道出了人生的真谛。这或许是对生命最直白地阐释。没有人喜欢痛苦的人生，但是每个人却无法拒绝痛苦。凡尘俗世，纷纷扰扰，没有苦的人生是不存在的。人生既然是苦的，那就让我们主动加点糖吧，相信每个人的生命里都有艰难的时光，让生命变得美好而辽阔。

发动全宇宙来帮助你

又到一年毕业季。来咨询的高三、初三毕业生说得最多的就是：我担心我发挥失常，我担心我考不好。

每当这个时候，作为咨询师的我们都会与来访者共情，理解他们对未来的担忧，开导他们必要的紧张和焦虑是正常的，除了大脑，恐惧无处藏身。我们唯一能做的就是心怀恐惧战胜自我走下去。一般来访者听到这一切，都会徒增一些信心，然后状态又“燃”一点，开始新一轮的奋战。对于他们来说，此时的心理咨询更多是一剂心灵的安慰剂。

但始终有一类人，他们不为所动。为什么？因为他们相信自己真的考不好。你也许会说，还有人希望自己考差的吗？——听起来很不像话。从主观意愿来说，谁都渴望考好，考出水平，考出状态，圆梦名校。我是说，他们会无意识地强化自己考不好的预期，并千方百计地寻找各种蛛丝马迹去证明自己是有先见之明的。特别是真的考得很差的时候，他们会立马回应，我早就说过，这次我会考崩。仿佛看穿了一切的灵异第六感，让他们觉得自己特别厉害，以至于没考好的事实与自己的预言比，都显得无足轻重了。

可笑的悖论。

这样的神逻辑还不少呢。

一个女生三诊考得特别好，非常沮丧地来做咨询。因为她从自己的考试中总结了一个规律，一次考好一次考不好。她觉得这次三诊考得太好了，会透支自己的好运气，对高考不利。

看吧，就是这样的逻辑，放在平时，你肯定忍不住笑出声来，但是对于这个时候的高考生来说，她却像相信某个数学或物理公式一样，深信不疑。

这个个案的主人公刚走，又进来一个高三来访者。这下可好，三诊考得一塌糊涂，他对于自己的能力和状态进行了全盘否定，担心这样下去，高考基本无望。你看，考好考差都有担忧的，所以，请放过咨询师，因为我们会先崩溃的。

当然，这是一句玩笑话。

我们都知道，一个事件会带来什么样的情绪反应，并不由事件本身决定，而是取决于人们对事件的看法和评价。

合理情绪治疗就是针对这类问题比较经典的辅导策略。

我们科普一下：合理情绪治疗（Rational-Emotive Therapy，简称 RET）也称“理性情绪疗法”，是帮助求助者解决因不合理信念产生的情绪困扰的一种心理治疗方法。是 20 世纪 50 年代由阿尔伯特·艾利斯（A. Ellis）在美国创立的。合理情绪治疗是认知心理治疗中的一种疗法，因它也采用了行为疗法中的一些方法，故被称之为一种认知-行为疗法。

今天我们不讨论合理情绪治疗，毕竟理智的时候大家都明白道理，可是情绪上来了，道理都不见了，本来的认知模式会惯性使然开始自行运转。以至于有朋友跟我开玩笑地说，你们心理学就三个字可以打发——“想得开”。

是啊，想得开，万事就迎刃而解了。正如那句话，改变你可以改变的，接受你不可以改变的，但是要用智慧区别两者。可事实上很多人都“想不开”。多少不甘心的执拗和明知不可为而为之的追求才构成了百味杂陈的人生。

今天我想说说这个同学们口中的预期。为什么我们很多不好的预感最后都灵异般地兑现了呢？为什么有句话叫一语成谶呢？

我想起了心理学上的一个效应——墨菲定律。概括起来，墨菲定律主要内容如下：

1. 任何事都没有表面看起来那么简单；

2. 所有的事都会比你预计的时间长；

3. 会出错的事总会出错；

4. 如果你担心某种情况发生，那么它就更有可能发生。

墨菲定律的原句是这样的：“如果有两种或两种以上的方式去做某件事情，而其中一种选择方式将导致灾难，则必定有人会做出这种选择。”

说得通俗一点就是：如果事情有变坏的可能，不管这种可能性有多小，它总会发生。

讲到这，我不禁倒吸了一口冷气。

其实比墨菲定律还要疯狂的是当年风靡一时的一本书《秘密》，然后吸引力法则开始在全世界强势来袭。

吸引定律又称“吸引力法则”，指思想集中在某一领域的时候，跟这个领域相关的人、事、物就会被他吸引而来。有一种我们看不见的能量，一直引导着整个宇宙规律性的运转，正是因为它的作用，地球才能够在 46 亿年的时间里保持运转的状态。

简单地说，吸引力法则就是：你关注什么，就会将什么吸引进你的生活。

我一直很忌惮这个话题，因为我自己很长时间都不相信这些心理学法则。有一次跟学生做冥想，恰好被一位老领导看到，他嗤之以鼻，说弄得玄乎乎的，像传销组织一样，我呆若木鸡，满脸的尴尬。那次事件给我留下了极大的心理阴影，于是我推崇以脑科学为出发点的认知心理学，生怕一些所谓的神秘力量的立论让我自己百口莫辩，被人误解成一个“神婆”，而心理学也被大家泛化为“伪科学”。

所以对吸引力法则，我是敬而远之的。

但后来有两件事深深地震撼了我。

第一个故事，是我姐姐跟我说的。他们单位有个四十来岁的女工。从早到晚就是抱怨这个抱怨那个，基本上每天都是愁眉苦脸的，一张嘴就是“今天霉啊，霉啊”。有一天，她和工友们像平常一样出厂门，结果一辆自行车过来，她躲闪不及，摔了下去，结果就那么不凑巧，头撞在了一块小小的尖石头上，竟然就这样没有醒过来。对于她被自行车撞到被小石头磕死这件“匪夷所思”的事件，工友们居然一点都不惊奇。觉得她的状态迟早一天要出事一样。一个一天到晚都“霉啊，霉啊”的人，就这样把自己弄“没”了。

仿佛一切都是注定的一样。

还有一个案例，来自我亲爱的朋友。说起来我这个朋友真的是命运多舛。小学四年级的时候父亲去世，家道中落，后来母亲改嫁，好在继父对她还是很好。继父是一个不多言不多语的老实人，却也在她读初中的时候因车祸去世。高中的时候母亲也因癌症离开了她，到她读大二的时候身边唯一的亲人，她的十八岁的弟弟也因精神分裂症住进了医院。这样的人生搁在谁的身上都受不了。可是，我这位朋友却异常坚强。在一次次命运的打击面前，她依然积极勤勉地生活着，表现出了极强的生命力，让我们钦佩不已。她在大四的时候认识了一位军官，阳光帅气，对她一往情深。大学毕业后两人就结婚了，军官的父母体恤她命运不济，真是视如己出。这样的幸福生活几度让我的朋友感到恍惚。后来她生了一个大胖小子，我们都前去祝贺的时候，她却表达出了极大的不安，幽幽地说，我都不敢相信这一切是真的。我配拥有这样的生活吗？我不停安慰她，这就是否极泰来，现在的一切都是为了补偿她前半生经历的非人的伤痛。但是，无论我怎么讲，我都能感受来自她内心深处的质疑。

后来，二胎政策放开了。她怀孕了，是对双胞胎，幸福又一次来得猛烈。她没有半点喜悦，反而各种担忧与日俱增。孩子出生六个月后，灾难“果然”来临了——两个孩子被检查出脑瘫。诡异的“命运”在劫难逃。我看着我的朋友，这个经历了大悲大喜的女人，她的脸上表现出了平静——仿佛这一切才是她的归属。

或许她潜意识里一直在等待，因为她已经习惯了灾难。

在命运面前，我滋生敬畏。我不想再去指责一个被命运如此相待的人，但是这件事让我开始重新审视吸引力法则。祸福是随机显现、随机转化、无迹可寻的吗？

你选择了什么种子，就选择了什么结果。

你选择了什么意念，就选择了什么事件。

当你持续激活聚焦在让你越想越爽的那一念上，穷可以转通，祸可以转福。

当你持续激活聚焦让你越想越不爽的那一念，通可以转穷，福可以转祸。

《道德经》：“祸兮福之所倚，福兮祸之所伏。”祸福互相依存，互相转化，我想就是这个道理吧。

或许好运也罢，坏运也罢，当我们或欣喜或悲伤地接受这份“礼物”的时候，也该问问我们的内心，发出了什么样的意念，激活了什么样的能量。

年轻的朋友们，毕业在即，大考在即，请不要再说你觉得你会考差，你担忧太多的失误，虽然意念不可能帮助你不劳而获，但是积极的期待、满怀信心地笃信、坚定不移的信念真的可以有助于我们心想则事成。

心有莲花开，福禄自然来。

没有一颗心，会因为追求梦想而受伤。当你真心渴望某样东西时，整个宇宙都会来帮忙。

——保罗·柯艾略《牧羊少年奇幻之旅》

Part 4

听不见音乐的人才会以为跳舞的人疯了。

——尼采

正确的错误人

在我的咨询个案里，很少有学生单独过来。很多时候都有家人陪伴，当然这个家人里面占到98%的是母亲。

“老师，我的孩子真的很聪明，也很单纯，就是缺乏学习的动力。这也怪我自己，年轻的时候拼事业，小时候缺乏对他的引导和关心……”这是内疚自责型的母亲。

“老师，我的孩子从小身体不好，很磨人，生活学习都是我一手包办。可现在青春期逆反啊，动不动就对我大吼大叫，我说什么都不听。”这是讨好控制型的母亲。

“老师啊，现在孩子上初中了，好关键哦。背书过关每周没过的都有他的名字，这次数学考试又没上平均分，他这个样子下去怎么得了，我真的是都要疯了。”这是焦虑迷惘的母亲。

“老师啊，这个娃娃真的是，从小到大都怕吃苦，遇到一丁点的事就逃避。不晓得这一点像哪个。我和他爸都不是这样的人。特别是我，非常自律，我要是要做一件事非要做好不可，你说他咋个就这么不争气呢?”这是完美指责型母亲。

不好意思，我完全是按着自己的理解给以上的母亲们归纳成为几种类型。没有丝毫批评指责的意思，恰恰相反，她们往往都是非常值得我们钦佩的。

这些母亲往往具有以下特点：

● 家庭事业双肩挑。在外，像男人一样的打拼，事业上不输给自己的丈夫，甚至有的还是家里经济的顶梁柱；在内，孩子的教育都是她一手操持。出得厅堂，入得厨房说的就是她们。

● 甘于奉献，勤劳质朴。很多时候爱别人超过了爱自己，更多时候宁愿委屈自己，也不会让别人吃半点亏，可以说为了整个家庭任劳任怨，呕心沥血。

● 责任心特别强。往往把孩子的成长视为自己最重要的使命，高兴着孩子的高兴，痛苦着孩子的痛苦，完全与孩子同呼吸共命运。

● 危机意识强烈。容易以小见大，举一反三。特别怕孩子犯错，觉得这些问题处理不好都会影响了他的一生，必须防微杜渐，随时保持高度警惕，不断学习去当消防员解决问题，疲于奔命。当然这里面也有一群特殊的母亲，就是全职太太（这样的人群已经越来越多，全职妈妈的成长更需要智慧和能力），在这里我不做评论，以后有机会我们专题讨论。

我听过这样一句话："今天的社会把女人推给了事业，却没把男人拉回家庭。"于是，女人们开始了两份工作。和男人一样横刀立马，回到家踢掉高跟鞋，立刻变身无死角辣妈；网上还调侃说，"如果说女人是水做的，男人是泥做的，那么母亲就是钢筋混凝土做的。"可见，我们的妈妈们真的是辛苦啦。

可都说好人一生平安。我看到的好像不是这样的。

有一个妈妈，我叫她李姐吧。（这个姓就是个泛指，便于大家听别人的故事，悟自己的人生。）李姐真是我见过的女人当中数一数二有能力的。我认识她的时候她已经四十多岁了，不施粉黛，皮肤松弛，眼袋很深，尽管如此，从她精致的五官和苗条的身段，仍然看得出来李姐年轻的时候是个美人。岁月总是把一个人一生的境遇反映在脸上。我夸她年轻时是个美女的时候，她还有些不好意思。说自己从来不觉得自己漂亮过，好像她们那个时候也不在这方面作过多的比较。当然，她在选择对象的时候也不觉得容貌姣好是个可以傲娇的资本，和当时很多人一样，她选择了与一个人品好的“老实人”结婚。我笑着问她：“说好的爱情呢?”她说：“那时也不懂，觉得能一起过日子就很好。”我特别能够理解她当时的想法，生活有的时候就像有一双无形的大手推着我们前进，剧情就这样毫无悬念地开始了。我们会吐槽电视里的肥皂剧，只是没想到自己恰恰就是剧中的女主角。一年后，她当了妈妈，一边是安于现状，与丈夫没有什么乐趣，她仿佛看到自己六十岁乏善可陈的人生，一边是嗷嗷待哺、举着粉嫩小拳、眼里闪烁着宝石般光芒的儿子，她的生命一下子就被点燃了——她暗暗发誓，要让孩子的人生过得精彩。

于是，为了孩子，她开始努力工作，是的，还有什么比母爱的力量更强大呢？记得小说《蜗居》里有句话，“母爱可以让任何一个柔弱的女子变成母狼。”李姐，这个少女时代娇滴滴的女孩，经过职场的血雨腥风，逐渐蜕变成一名雷厉风行的干练女性。不得不承认，我们今天有些女性敏而好学，再加上坚忍不拔的非智力因素，往往让她们比一些男性成长得更快、更好。李姐也是这样，当她的事业开始风生水起的时候，她的丈夫却还在原地打转。她也试着多次与丈夫沟通，甚至花本钱、花人脉大力扶持对方，可是其谨小慎微、瞻前顾后的性格多次让大好的机会白白流失，以至于很多年后，丈夫都一事无成。尽管如此，李姐认为，男人挣不到钱，我挣，为了给孩子一个完整的家，她默默地接受了这一切。她尽量事事完美，对公公婆婆尽孝，对自己的父母也是关怀备至，家庭聚餐，人情客往，大大小小都是她一手料理；对孩子那更是全情付出——孩子的作业检查，早晚接送，一日三餐，这些日常琐事都不在话下，更难得的是，尽管工作再忙，她都没有缺席过一次儿子的家长会。每次大型考试后她都会向每一个科任老师打听孩子的学习情况，并认真询问他们解决方案；她也非常注重自身素质的提升，买了很多家庭教育方面的书籍来看……

都说天道酬勤，然而生活却是这样反馈给她的：她苦心将就的婚姻一潭死水，丈夫与她渐行渐远——结婚前本就不善言辞，现在话就更少了，很多时候在家都是玩手机，看电视。夫妻俩一天基本上说不上几句话，更不用说有什么亲密的举动。有的时候，她也很想与丈夫一起商量一些事情，然而对方往往都是一副不耐烦的样子，或者一句话就把她呛得无言以对："你能干，你说了算。"丈夫的口吻全是嘲讽和冷漠。这些年儿子的教育经费都是她一手包干，丈夫收入微薄，尽管如此，刚结婚那两年，还会拿出来作为家庭开支，这十多年来，基本上都是用于他本人"自给自足"。她看在眼里憋在心里。吵不是没吵过，但是她发现没有丝毫的改变，现在连吵架的力气都没有了；离婚不是没想过，但是她看着儿子，担心父母的离异给孩子造成巨大的伤害，就又一次次隐忍了。"这样的人，还能有什么期待呢？"哀莫大于心死，李姐安慰自己。不痛不痒的婚姻状态也让公公婆婆对自己颇为不满，这点李姐一直想不通，他们不去指责自己儿子无能，反而过来嫌弃媳妇太好强，处处把丈夫打压得男子汉的尊严都没有了。李姐真的是欲哭无泪，天知道她这么多年为了将就他们儿子的玻璃心放弃了多少升职的机会？

没关系，就算全世界的人都不理解自己，但至少她还有儿子，那是她所有的爱与希望。可是，就是她心心念念的宝贝儿子，对她也是不理不睬的。需要这个妈的时候，给她打电话，不需要的时候，她稍微说几句，儿子就甩脸走人。特别是她提起丈夫时，儿子都会恶意相向："我觉得我老爸很好啊。你就是爱慕虚荣，嫌我爸穷嘛。是，是，我们家就你最能干，我们都是废物。"儿子现在成绩每况愈下，她试了很多方法与其沟通，都没有效果。但是丈夫可以放弃，儿子不能啊。她开始四处寻找"挽救"孩子的方法——无休止的补课，央求老师给孩子做思想工作，也到处看心理老师，为了打开孩子的心扉。然而这一切并没有让孩子领情，反而让其对她的积怨一天天加深。

她大把大把地掉头发，半夜经常睡不着觉，单位体检，她的几项指标都不好，她越发力不从心。她说，有一天她晚上加班到九点过，饭都没吃上一口。回到家，儿子作业没做，在房间里打游戏，丈夫窝在沙发上耍手机。她来到厨房，眼前是一片狼藉，可却没有找到单独留下的饭菜。没有人问她，要不要吃饭，没有人问她要不要喝杯水，她跟我说，她第一次体会到一个词，叫"生无可恋"。

"为什么？为什么我付出了那么多，却得不到任何回报，甚至是一句理解？为什么我那么命苦，丈夫是这样，儿子也是这样？为什么老天要这样对我？莫非我真的命不好？"李姐眼泪如断了线的珠子，直往下掉，好长时间都泣不成声。

好心没好报在生活中是常有的——为什么？因为我们是正确的错误人。我们做的事都是正确的，但作用在别人身上却是错误的。

比如，前面文中的李姐真的为了这个家庭付出了太多太多，都不能说正确了，简直就是伟大。然而她在把自己锻造成钢筋铁骨的时候却无形中剥夺了对方成长的权利。她担负起家庭所有的重担，丈夫也就安于她的庇护，放弃了成长。不成长的中年人，一定会拥有深入骨髓的自卑感，而这份自卑让他在你的面前要么唯唯诺诺，要么针锋相对；不对等的关系让两人在物质和精神层面上已是云泥之别，自然分裂就是必然；面对分裂，没有解体的勇气，一味地为儿子维护一个貌似完整的家庭。可想而知，儿子在这样的家庭中成长会好吗？再加上母亲掐灭了对丈夫的期待，把所有的希望都寄托在孩子的身上，事事包办，步步操心，这样无孔不入的爱会不会让人窒息？常年丈夫的不思进取，母亲自然有诸多埋怨，面对母亲的愤怒与唠叨，孩子内心的天平反而会偏向弱者这一方。孩子学会为懒散找借口，为任性作粉饰，为懦弱博同情，利用母亲的内疚肆意妄为，这样形成的不健全的人格自然让成长举步维艰。

无私的大量付出，这一切看似正确的背后，却步步指向错误的结果；这是以爱为名的善意之举，却注定是以不爱为果的亲密剥离。

李姐们啊，我分明听到了你们内心失落的声音。如果能够选择，谁愿意那么坚强，谁愿意做个男性化的强势女人？我只是想说，今天的社会对我们女人要求实在是太多太多了，在做自己、做别人老婆或者孩子的妈妈之间摇摆动荡，平衡得很是辛苦。

亲爱的李姐们，请你们在爱别人的时候，请先学会好好爱自己吧。没有人能替代别人成长，尽管是最亲密的人，也请分清楚哪些是他们该做的事，哪些是自己该做的。愿你无论在哪种人生状态下，都能拥有自己的一片天空，发光发热兼顾他人。

愿你外表温柔，内心笃定。

李姐们，她们是你、我、她，是我们身边每一位平凡的、努力的、从容的好姑娘。

假如我的孩子是倒数第一名

经常听朋友很委屈地说："我从来没有奢望我的孩子成绩要多好，中等就可以了。可是，为什么这么低的要求他都达不到呢？"

听起来特别合理，很多家长也都持有这样的疑问，我从来不像其他父母要求孩子考多少名，上多好的大学，我只希望他不要太差，中等就可以了。我的要求并不高啊。

然而事实上，这个逻辑是行不通的。

人人都中等，这不符合统计学原理。排名都是呈正态分布，有人超越平均分，有人低于平均分。也就是注定在一个群体里，有人领先，有人垫底。

"反正我的孩子不能是倒数。"朋友委屈地说道。

那谁的孩子可以倒数呢？

我写的一篇微文《一切安好，少点焦虑可好》，创下了我微文发表以来文章阅读和转载量的最高纪录。很多家长和朋友们纷纷表示，我们要从内在开始改变，因为那不是焦虑，是脆弱。

那么，检验大家是否脆弱的时候到了，假如你的孩子是倒数第一名，你会怎样？

请不要急于往下看，让我们停留一会。假如你的孩子是倒数第一名，你会怎样？请注意也许作为阅读者的你，孩子成绩还可以，你压根儿就不会想到他有可能是倒数第一名，所以你可以云淡风轻地去谈论它。有朋友觉得因为你不是我，体会不到我的心情，为了避免产生这样的误会，我请大家放下所有你现有孩子的现状，来一次灵魂的拷问——

我的孩子，假如他是班上最后一名，我会怎样？

“难过。”

这是第一种情绪。无法言说的让人感到窒息的难受。有个家长说，有一次她和朋友要去香港旅行，那是她期待了很久的一次休假，刚登机那一瞬间，收到家校通短信，孩子考了班上倒数第一名，她心如刀绞。那几天，香港在她眼里都是灰蒙蒙的，朋友们购物也好，美食美景也好，她都提不起精神。现在她去翻上次旅行照片，惊讶地发现她每一张照片自己都很丑，没有一张令人满意。

然后呢？

“愤怒。”

对谁？当然是孩子。你在怎么学哦！绝对是心思没用在学习上！如果你是智障，我也就认了，但是你不是呀，你们所有的老师都说你聪明，认真学你是学得好的，你就是懒，不想动！

有道理，不然一个勤奋的聪明人怎么可能倒数第一名？抱有这个执念的孩子读了学校最好的实验班，大家都聪明并勤奋，他成了倒数第一名，那你能接受吗？你依然会说他绝对勤奋不够！不然依他的智商，靠前不太可能，但也不至于是最后一名。其实，无论怎样，你都可以找到他不可能是倒数第一名的理由。

有个女孩用她自己的话来说用尽了毕生力气上了清华大学。走时爸妈说，“清华优秀的人多，你只要不垫底，我们就已经很满足了。”因为他们知道孩子要强的个性。孩子去了清华大学，他们担心的事情还是发生了。女孩没法接纳自己排名靠后的事实，强迫自己早上五点起床看书，晚上熬夜到一两点钟，最终导致内分泌紊乱，因神经衰弱而休学了。

这个时候家长不停地安慰孩子，清华大学的倒数第一，也是好的啊，可是她自己没法接纳了。

“担忧。”

第三种情绪是担忧。到底怎么办？理智过后，你开始心生慈悲，我的孩子倒数第一，老师同学肯定不喜欢他，他的自信心会受到很大的打击，他会受到同学们的歧视，甚至是欺负。一想到这儿你就心疼不已。

一个小学一年级的同学说：“我们班最近有个成绩特别好的同学生病了，没来参加半期考试，老师当着全班同学的面说，某某（班上倒数第一名）你跟他换一下就好了。”一年级的小朋友满脸真诚地说：“老师说的对啊，这样就没有倒数第一名了。”

我听后毛骨悚然。才刚上一年级的小朋友就被强行灌输了倒数第一名是一个人人避而远之的下场。世态炎凉啊！

说到这儿你更担忧了。是的，你个人的面子荣辱不重要了，这样下去孩子自身不快乐才是你最在乎的。

于是，下一种情绪就是内疚。早知道怀孕的时候不要熬那么多夜，早知道再贵的早教应该去上，早知道才两岁就要抓他的行为习惯、阅读习惯，因为三岁看到老嘛，早知道上一年级前就应该让孩子接受衔接教育……自责和内疚让你恨不得重新把孩子塞回肚子，重新按照标准配置进行教育。你一定认为，那样结局将完全不同。

“否定。”

你那么要强的一个人，却在孩子的问题上，第一次对自我的否定达到了你人生的最高峰，甚至你用了那个词：“失败”。

孩子考试得了最后一名，你最终的结论往往是我很失败。

好，各位朋友们，如果以上情绪逻辑让你对号入座又倍感疼痛的话，那么我想你再来体会一下，那个倒数第一名的孩子会是怎样的一种心情。

难过——考了倒数第一名没有不难过的。

愤怒——为什么偏偏是我，就我不会？

担忧——我要一直都是倒数第一名，怎么办？

否定——我是个失败的人。

世界在他眼里充满了深深的恶意。

你或许会说，如果他真那么想他就不会是倒数第一名了。你最难过的是他的没心没肺，没脸没皮，不思进取，自甘堕落。朋友，你用脑子想想，这符合人性吗？可是你斩钉截铁地说：“这个娃娃就那么没有自尊，他表现出来的就是那样不争气啊。”不然呢？他该怎么做。知耻后勇？奋发图强？那是需要强大力量的。与其如此劳心劳力，最好的办法就是表现得不在乎、不感兴趣、不付出，抽离现在的生活，这不是我们常用的自我防御吗？——“人艰不拆”，倒数第一名的他应该如何生存在这个世界上？

多年前，我去过一所国外的小学。我一进门看到一个红榜叫班级之最：跳的最高的，唱得最好的，头发最美的，书写最好的，计算最好的，手工最好的，最后一个我记得很清楚是笑容最甜的。二十多个孩子，二十多个第一名。我问成绩第一名的在哪里，老师说，和以上第一名是一样的。

学习第一名和其他方面第一名是一样的。我第一次听到原来人可以这样评价。

我经常被诟病过于理想化。马云说，有人是因为看见才会相信，有人是因为相信才会看见。世界的发展往往是由那些因为相信于是看见的人们改变的。我不会成为马云似的人物去改变世界，但是我的孩子，我选择相信，我才会看见，因为她透过我，看到了世界的样子。

就让我将理想化进行到底吧！

假如我的孩子是倒数第一名——

我一定带她去爬山，去游泳，去跑步，因为“脑子”不够用，不能身体也不好。

假如我的孩子是倒数第一名——

我会加倍地爱她，经常抚摸她的头，为她任何一丁点的小进步都给予大大的夸张的赞美，毕竟我想她从老师那得到肯定的可能性不会那么大吧。

假如我的孩子是倒数第一名——

我一定发动我的亲戚朋友一起来爱她，毕竟在这个看分数的时代，连小小的儿童都有分别心，我能仰仗的是那久远了的血缘关系，我相信你张嘴与下手的时候可以稍微轻一点，或者在你们面前我还能有资格发发牢骚。在外人面前，我哪有权利要求别人善待我的孩子？

假如我的孩子是倒数第一名——

我会多带她去旅行，去看世界。我想告诉她，世界上有很多人，有很多种活法，我怕她因为自己成绩不好就认为世界在她面前关上了门。其实机会永远都在。

假如我的孩子是倒数第一名——

我会为她准备巧克力，带她去吃甜食，因为我觉得她过得已经很苦了，不能连嘴巴都跟着苦起来。美好可以自己制造。

假如我的孩子是倒数第一名——

我一定每天张开双臂拥抱她，亲吻她，因为也只有我，能代表全世界来爱她。

假如我的孩子是倒数第一名——

我一定会为她讲很多美好的故事，我要让她知道，无论遭遇多少不公与恶意，她要永远保持善良！

假如我的孩子是倒数第一……

当然幸运的是，我的孩子不是，真是太好了！我不假思索的欢呼雀跃已经暴露了我的心，不用掩饰，那是为人父母的本能。

但是，如果是呢？我希望我真的能做到这些，因为你是我的宝贝，我没有也不愿意别人拥有对你挑三拣四的权利！那是我为人母亲需要修炼的本事！

本能还是本事，是我一生要修行的功课。

我“抑郁”，我“骄傲”

最近的心理咨询让我有深深地挫败感。

一个咨询下来，觉得元气大伤，躺在沙发上一动都不想动。一个个来访者青春年少，相貌堂堂，但却没有任何年轻人该有的活力，坐在我的对面仿佛一具空壳，了无生趣。

特别让人难过的是他们有的因为学校老师一句话就走出了教室，离开了学校，辍学在家，从此过上昼寝夜出的生活；或因为自己考试考得差没有进入心仪的学校继而怨天尤人，稍微不顺心就“辞”了学校，“怼”了老师，“归隐”家里，听听音乐，弹弹吉他，小日子过得悠哉悠哉。父母心急如焚，千方百计预约到我，可面前的青年却满脸的云淡风轻，仿佛说的这些事都和自己无关。

有个小孩主动提出来见我，我很欣慰。没想到，孩子说的第一句话就是，老师你给我测一下抑郁症吧。我给他量表，测评下来，他很健康，并没有抑郁。他大为失望，不停地说，怎么会呢，怎么会呢。我笑着说恭喜你，是正常范围。他居然发火，老师，你这个不准。我在网上做过的，我就是抑郁了。我说：“奇怪了，还有人盼着自己生病的?”“00 后”的孩子回答得就是那么直接——抑郁多好啊，抑郁了我就可以想干嘛就干嘛，谁也不会管我了。理直气壮的脸庞仿佛在诉说一个伟大的壮举。是的，多么“抑郁”，多么“骄傲”。

我倒吸了一口气。想起几个月前做过的一个案例。来访者前前后后住了四次医院了，每次都是半个月时间。她很配合去医院，唯独排斥做心理咨询。她的父母辗转找到我，眼里充满了期盼。我却遭到小女孩冷冰冰的嘲讽——你是医生吗？我说：“我不是，我是心理咨询师。”她说：“我不需要你，我需要的是医生。我有病，很严重的精神病，心理咨询师，医不了我。”我又看到一个“骄傲”的抑郁症患者向我高高扬起了她胜利的旗帜。是的，那么“抑郁”，那么“骄傲”。

同样的，这样的案例在这一年太集中。一个来访者做了三次咨询，她单方面中止了我们的咨询，我自认为每一个环节都做得完美无瑕，她也成长得非常好，为什么突然中止了呢？我百思不得其解。她回我微信说：“老师，我发现在你的帮助下自己好得太快了，我怕我好了，就要面临诸多现实问题。我思考了一下，觉得我还是做一个抑郁症患者比较快乐……”

朋友们，这是抑郁症吗？我承认在这个抑郁情绪当道的今天，很多人都深受其害。但是，抑郁不等于抑郁症。抑郁是一种负面情绪，是许多人都体验过的情绪，也是一种正常而自然的心理现象。抑郁不可怕，人生总会碰到一些不顺心的事情，不能把偶尔的情绪低落划归为抑郁症。抑郁症是大脑的功能性障碍，是心身的相互影响，抑郁症的临床表现包括情感、认识和身体状况，不能望文生义。

很多小朋友完全就是一知半解，他们不是抑郁症，甚至都谈不上抑郁，他们是害怕了。害怕那可怕的挑战，害怕那不被认可的惆怅，害怕大量持续的付出，害怕那么多所谓的责任和义务，害怕明天无数的不确定性，还有伤不起的面子和自尊。人都是趋利避害的，两权相害，取其轻。比起咬紧牙关奋力一搏，还不如就躺在床上混吃等死比较好。

从哪里跌倒就在哪里躺下，因为真的很舒服。

亲爱的小朋友，我想告诉你，那不是抑郁，那只是一个貌似合理的挡箭牌。挡住了你脆弱的心，挡住了外面的风雨，也挡住了你成长的路。你用最美好的青春赌上了你最美好的明天。

请不要误会我不是说辍学在家就埋葬了青春。我也理解条条道路通罗马。我对于敢于创新打破陈规的人都怀有深深的敬意。可是很多辍学的成功人士是因为学校教育给不了他们想要的，或者他们找到了更适合自己的成长之路，而不是无法适应学校的生活，退化在家“安度晚年”。有的孩子，甚至不洗脸不刷牙，一日一餐，黑白颠倒，耍手机，打游戏，无所事事，也拒绝与任何人交流谈心。这样丧失社会功能的“宅”在家中，不是抑郁也成了抑郁。

今天有个字很时髦，叫“丧”。

更令我感到悲凉的是，家长心脏病都要急出来了，孩子一点都不自知。不觉得自己这样的状态是不正常的，反而叫嚷着怪所有人不理解他，不支持他“丧”下去。我有一次就是做这样一个“丧”人的辅导，聊其他都很开心，气氛也很融洽。只要我提到关于未来的思考，对方立刻翻脸不认人，还会很刻薄地打击咨询师——我做过的心理咨询多了去了，和他们聊我很轻松，和你聊我很压抑。老师，我们还是说点其他的吧。面对这些完全没有自我诉求的个案，我真的无能为力。谁痛苦谁改变。人家不痛苦，当然也就没有改变的意愿，更谈不上改变的方法了。我知道我们要无条件积极关注我们的来访者，要学会接纳和共情，可每一次见到这么年轻的灵魂告诉我，我的人生理想是一张饼摊在那里的时候，我的胃生生地疼。

上帝叫不醒一个装睡的人。

说这么多，我不是在指责我们的孩子们。相反，我想我要接纳他们。他们曾经也是积极上进、灵活善良、温暖而阳光的。上进心是一个人的天性啊。是谁造成了他们的今天如此之“丧”、如此麻木？那个期待自己抑郁的女孩，从出生那一刻就被父母捧在手心里，一切饮食起居都被母亲包干。母亲为了照顾这个孩子，辞了工作，又当保姆又当司机，陪孩子上各种补习班，甚至为了孩子学英语自己也报班学习，365 天常年无休。她对孩子唯一的要求就是好好读书。这学期孩子第二次转学到一个新学校，没想到开学才两周，打死就又不去读书了，问其原因，孩子说反正就是不开心，不自由。母亲急得几天几夜睡不着觉，咨询沟通时，母亲眼睛哭得肿得像桃子。孩子一脸冷漠的说：“老师，你看嘛，她就这样的奇葩。”母亲不停地道歉：“对不起，对不起，我忍不住，我主要是担心你。是我的教育有问题，我没尽到一个母亲的责任。”孩子在旁边，开始喋喋不休地控诉母亲的“暴行”，无外乎就是母亲打着为了她好的名义做了很多违背她本意的事。归结为一句话就是——父母，你们欠我太多太多。

唉！可怜之人必有可恨之处啊。

心理学巨匠威廉·詹姆士说：“播下一个行动，收获一种习惯；播下一种习惯，收获一种性格；播下一种性格，收获一种命运。”意思是说，人类在适应外界大环境中，又创造出适合自己的小环境，然后用习惯把自己困在自己所创造的环境中。所以，习惯决定着你的活动空间的大小，也决定着你的成败。

无底线的纵容和溺爱造就了一副既无爱又无惧的铁石心肠，孩子的极度自私和享乐主义让其根本无法适应社会对其的基本要求。是谁种下了这个思想，又是谁在造就这样的习惯？种什么得什么。最后，收获这样的命运也不足为奇。重技能、轻德性、缺修养的育人模式，急功近利、事事包办的家庭环境，看似民主、实为强加的价值观念，这一切的“夹磨”，终将得到一个个空心人、无脑人、无情人。

拿什么来拯救你，我的孩子？

教育，怎么样才能得到一场真正的救赎？

网游，想说爱你不是件容易的事

在我的咨询个案里，“网络游戏成瘾”一定是个高频词。这类个案因为悲恸，对家庭的冲击力巨大，所以任何一个来访者的故事现在想来都还历历在目。

有一个很“聪明”的小孩（我很少用“聪明”这个词来形容一个学生，可见这个孩子的学业智力水平真不是一般的水准），我们叫他小罗吧。初中对他来说就是“耍耍打打”过来的——听听课，做做作业，校外补课，周末雷打不动耍耍游戏。虽然一直学得这么轻松，但成绩一直在班上都还名列前茅，所以父母虽然也有怨言，但看在人家成绩还不错的份上也就睁一只眼闭一只眼。直到初三，所有的学生都开始努力了，他还是一副吊儿郎当的样子，成绩当然也就下滑得厉害。和所有的父母一样，他们苦口婆心地规劝，但成效甚微。父母发现小罗就是周末必须保证打够游戏，除此以外也没有什么太多毛病。于是进行了策略性干预——联合老师，连哄带骗让他去校外补补课，尽量压缩游戏时间；后来在中考前一个月，干脆强行断了网，禁止游戏，全力冲刺中考，并承诺中考后为其购买最新款的苹果手机，这个暑假任由他自由安排。就这样，小罗度过了“清心寡欲”的一个月。最后的结果皆大欢喜，小罗父母如愿以偿看到孩子考进了名校的实验班，而小罗也得到了他心心念念的新手机和海阔天空的自由。是的，整个暑假，小罗都沉浸在手机游戏的世界里。就是父母为他花了几万大洋报的出国旅行，他也不感兴趣，大多数时间都是在玩手机。父母看在眼里，不断安慰自己，现在的孩子都是这样的。开学就好了。

然而，开学并没有好。

先是开学前，小罗就先发制人——手机要带去学校，不然就不去军训。父母好说歹说，都没用。看得出来，人家是来通知两位的，而不是商量。没有办法，只有顺他的意，毕竟读书报到很重要。所以当报名老师问带手机没有，小罗的父母只好尴尬地笑笑，不置可否。小罗头摇得像拨浪鼓一样。第一关顺利通过。

再是军训。都说每个男孩心中都有一个军旅梦，但对小罗来说却是个例外。班主任说，一米七五的个子站在人群中，像根豆芽，风一吹就要倒。所以很多活动小罗都以身体不适跑到医务室休息。当然，父母也觉得没什么，这个孩子从小身体就不是很好，只要成绩优秀就很好，没事，慢慢会好的。就这样，第二关也算勉强通过了。

接下来的日子小罗的表现就更让父母大跌眼镜。先是老师反映小罗每天上课睡觉，不完成作业，也少与大家交流，对班上的集体活动更是漠不关心；老师多次找他谈话，发现小罗都是一副满不在乎的样子，似乎跟一般的孩子都不在一个频道上。小罗的父母也发现，小罗周末回家几乎手机不离身，做作业也是做几分钟又开始玩手机。没有办法，他们只好故伎重演，送孩子去校外补课。日子似乎也还风平浪静，虽然老师时常也会发信息说小罗上课又睡觉了，虽然周考次次都很差，但父母觉得孩子刚上高一，没把学习当回事，高二、高三自然会发力。

一晃，高一的半期考试就要来了。和每个周末一样，小罗又背着书包去校外的一个补习机构上课。把儿子送到楼下，儿子与母亲挥手告别，母亲望着儿子的背影，也还是颇为欣慰。这个儿子虽然小错不断，但大错也没有。回到车上，才发现儿子的一张补课卷子忘掉了，于是她就送上楼。她来到教室，透过玻璃窗逐个进行扫描，都没有发现儿子的身影。难道上厕所去了？她等了一会，也不见儿子回来。她心中莫名发慌，急忙问前台。没想到得到的答案是，儿子第一次试听后就说不满意，早就退了费，没来上课了。那这两个多月儿子周周到这个补习机构楼下跟她乖乖告别，又演的是哪出啊？没有补课的孩子又去了哪儿呢？前台的老师说，前些日子听人说，有些高中生经常在旁边的一个网吧组队打游戏。

母亲有点不相信自己的耳朵。她顺着他们指的路线，恍恍惚惚来到了网吧门口。她有些迟疑，进去还是不进去？她知道孩子爱玩游戏，但在她的意识里，孩子最多就是玩玩手机，还不至于胆子大到逃课到网吧里玩的地步。可是，她的心又不安分地跳动，她的预感一向很准确。是的，她硬着头皮进去了。那个瘦瘦的背影，那个熟悉的后脑勺，那个嘴巴里污语乱飞，精神异常亢奋的人，是的，她只要晃一眼就知道，是刚跟他挥手告别的一脸真诚的儿子。她不知道该怎么做。她走到儿子身边，儿子由于太投入了，居然没有觉察母亲的到来。时间仿佛就在那一刻停滞了，然而，看见母亲仅仅迟疑那么几秒后，就又开始继续进入游戏的世界，仿佛旁边的母亲只是一尊雕塑。这一切对于母亲来说是匪夷所思的，她无法用理智去判断这一切。她开始用力拉扯儿子出网吧，儿子倒也顺从她的拉扯，继而母亲开始愤怒地指责网管，儿子是未成年人，她扬言要检举揭发这家黑网吧。不知是不是母亲的大吵大闹让耍游戏的吃瓜群众颇为不耐烦了，空气中夹杂着各种骂爹骂娘的声音，画面有些凌乱，母亲也很是失态，而儿子一直冷眼旁观，仿佛这一切都与他无关。

回到家。一家三口，坐到客厅里，空气凝重。

母亲心中窝着火，她有好多的不解和委屈，急于要一个交代。从单位心急火燎赶回来的父亲倒还有几分理智，希望儿子开诚布公地说说真实的想法。儿子很高冷，看不出有任何情绪说："我早就不想读书了。"他终于开口了，"我根本学不进去，当然我也觉得没有必要学习。一直以来，我学习都是你们逼的，我现在不想再像初中那么傻了，既然你们也看到了，那我就明确跟你们说，我不读书了。"母亲惊得下巴都要掉地上了，显然这是她始料未及的——从小到大在儿子的教育问题上自己付出了太多太多，为什么儿子就变成这样呢？父亲强忍住怒火，反问道："你不读书，你将来干什么。""打电竞啊。说了你也不懂。我告诉你，我以后还要参加比赛，一样的挣钱，还比上班挣得多得多。我现在是团长，手下有几十个人跟着我……"儿子说起来眉飞色舞，他所描述的世界，父母确实是一无所知，儿子的"火星语"也让他们深深意识到，自己用生命呵护的儿子早就和他们形同陌路。

两个世界的人自然也就没什么共同语言。所谓的沟通无外乎一方竭力拉扯，一方轻易就逃离。在关系中，谁更在乎谁就满盘皆输。所以，小罗的父母终将败给儿子。

儿子不是跟父母商量他不读书的决定，而是知会。小罗开始了在家里没日没夜的上网时光，刚开始作息还基本正常，到后来就白天黑夜颠倒，三餐也不规律。父母在的时候，他几乎不出来吃饭，只有当父母出去了，他才溜出来吃点饭菜。小罗的房间都是反锁了的，任凭父母在门外如何苦苦哀求或厉声威胁，小罗都没有反应，偶尔听见他在房间里骂人的声音。当然，听得出来是打游戏在骂猪队友。除此之外，都是死一般的沉寂。

你可以想象父母的内心有多么煎熬。他们开始反思自己的教育，然后开始互相埋怨彼此的教育观念和做法，彼此的责难让大家更是筋疲力尽，而儿子的状况没有得到一丝一毫的改变。

有一天，夫妻之间为了儿子再次发生争执。父亲怒火中烧。他要树立父亲的威望，一定要挽救这个“失足”青年。他一脚把门踢开，然后暴风疾雨般一把把网线拔了，随后像个疯子似的叫嚷着：“老子不让你上，看你要咋个！”儿子倒是平静，愣了一下，撒腿就往外跑。母亲还未反应过来，儿子已经下楼消失得无影无踪了。

“让他滚，有脾气就不要回来。”父亲继续咆哮。说是那样说，一上午过去了，一天过去了，儿子都没有回来。可怜的父母再多的硬气都变成了无尽的担忧和恐惧，开始发动所有的亲戚寻找离家出走的儿子。

足足三天，儿子的行踪都没有发现。小罗的父母一下子苍老了十岁。我亲自见到过两位绝望的表情，那表情里还有深深的自责。我不记得我与他们聊了什么，但至今想来，当时带给我的情绪到今天回忆起来都很不是滋味。可怜天下父母心啊！

后来小罗妈妈说一个星期后，小罗主动联系了他们，让他们送钱到一个郊县的网吧里。但条件是送了钱就必须走，否则他又要逃亡，让他们一辈子找不到他。小罗的父母不断安慰自己："只要孩子不干极端的事，顺从他的意思吧。"到了网吧门口，小罗的父亲不敢进去，怕儿子反感自己，小罗的母亲进去送钱。母亲看着蓬头垢面的儿子，又是心疼又是生气，她泪眼婆娑地哀求："儿子，跟我回去吧。我保证爸爸不会再拔你的网线，你想怎么样就怎么样。跟我回去，好吗？你走了以后，我没有睡过一天觉。我怕我再这样下去都要疯了。"相信此时此刻，真的是闻者伤心听者流泪。可是，朋友们，你知道吗？小罗没有任何反应，看都没看他妈一眼，不耐烦地说："说够没有？说够了就走吧。"小罗的妈妈顿时心如死灰。

我记得他们父母跟我讲过一个情景，就是夫妻俩那天是一路走回成都的，几十公里的路啊。就这样一路走，像行尸走肉一般。仅存的一点思考，都是围绕儿子的教育，他们不明白一个小小的上网问题，咋个发展到今天，让他们视若珍宝的儿子俨然成了没有情感、没有良知的怪物？自己的教育到底出了什么问题？两个人走到一处池塘边，小罗的母亲抱着自己的丈夫不禁悲从中来，"我们两个干脆跳下去算了。我好累啊！"两个年过半百的人相拥，生无可恋，号啕大哭……

亲爱的读者，像这样的"网络成瘾"的故事，在我这里不胜枚举。他们都伤痕累累，其中的艰辛和痛苦不是我的笔墨能尽展一二的。我想跟大家普及的一点的是，关于网络成瘾是不是精神疾病的问题，在学术界一直争论非常激烈。我研究网络成瘾，就是从 2008 年开始的。当时很火的一条新闻是，原北京军区总医院陶然主持制订的《网络成瘾临床诊断标准》通过专家论证，首次将网络成瘾纳入精神病范畴，随后网络成瘾标准便在部队医疗系统开始推行，并准备在向原卫计委申请成为全国通用标准。2009 年，原卫计委在对《未成年人健康上网指导》征求意见时，否定了将网络成瘾作为精神病的临床诊断，目前认为对网络成瘾定义不确切，不应以此界定使用网络不当对人身体健康和社会功能的损害。虽然现在官方没有把网络成瘾界定为精神疾病，但是关于这一块的学术争论就可见网络成瘾对 个人的巨大危害。再想想，我咨询过数位网络成瘾的孩子，没有情感，没有动力，没有未来，也没有任何现实感……他们需要我们去关怀、辅导和治疗，否则就不得不感慨人性的不美好，这何尝不是更大的“心伤”呢?

我亲爱的朋友们，我们的孩子何其幸运，生活在一个物质高度发达的时代；我们的孩子又何其不幸，生活在一个充满无限诱惑的今天。教会孩子如何使用工具，而不是被工具所奴役，是我们每个教育者都要深思的问题。仅已此篇作为楔子，供大家解剖，讨论。

让我的爱像阳光一样包围着你，并给你光辉的灿烂与自由。

——泰戈尔。

我可不可以？

小区门口的理发店生意一直挺好，因为客户都是小区的住户，所以一来二去大家彼此都熟络起来。

和平常一样，我又遇见了小骆和他的妈妈。小骆读高二，成绩一般，爱打篮球，喜欢漫画。我并没有和小骆有过任何面对面的交流，这些信息都是我每次在理发店洗头时，通过他和他妈妈之间的对话知道的。

我申明，我没有刻意去听，而是每一次两个人的谈话都像是在吵架，所以这些信息都主动进入了我的耳朵。

比如：

刚进理发店，小骆妈妈就开始对店长说："麻烦快一点，只冲洗不按摩，都高二了，哪有那么多时间呀！我说在家里洗头，非要出来洗，真是的……"

还有就是每次剪发，小骆妈妈都会对理发师说："剪短点，剪短点！上次剪了才多久哦，又这么长了。每次出来剪发，好浪费时间呀！"

有一次，星期天顾客有点多，小骆妈妈扯着嗓子对小骆发飙："你看这么多人！我让你早点来，早点来，结果不是去打球就是在看漫画，一点时间观念都没有，你看现在排这么长的队，今天晚上还要周考，我看你就是成心不想考好，怎么没说多花一点时间复习，都高二了……”

每每这个时候，我就看见小骆对着母亲翻白眼，无语。

小骆的个子起码一米八〇，体重也是超重的那种类型，远远看着其实已经是个大人模样。但是走路弓腰驼背，没精打采。我碰到过他很多次，每次他妈妈都跟在一旁喋喋不休。小骆似乎也已经习惯了妈妈的唠叨，虽然看得出来有很多不满，但是也还算温顺，每次都只是听着，并没有反驳。

然而这一次，有点不同。

我坐在小骆的对面，小骆的妈妈在一旁玩手机。小骆对理发师说：“我想要一点刘海，斜斜的那种。”声音很小，但是我们都听见了。小骆的妈妈马上放下手机，冲过来对着理发师说：“别听他的！男孩子留刘海，像什么样子！”小骆坚定地说：“我就要那种！”理发师拿着剪刀不知道该听谁的。小骆妈妈双手叉腰，对着小骆“居高临下”地说道：“我说不行就不行！哪个学生会整那些歪门邪道！”小骆死死地盯着镜子里的自己和妈妈，从嘴里一字一句地说：“我——就——要——剪！”

我从没见到过小骆那样决绝，跟以往唯唯诺诺敢怒不敢言的他判若两人。显然，妈妈也很意外，她也没想到今天孩子的反应会这么强烈。但是她很快冷静了下来，声音温和了一些说：“乖，你看，你如果剪成那样，你们老师又要说你了，本来你成绩就不是很好，还搞这些名堂，老师们对你印象就更不好了。”

小骆冷漠地说：“我不在乎。”

理发师看着这对母子，尴尬地说：“到底剪还是不剪？”

“不剪!”妈妈扯着嗓子，眼睛瞪得像铜铃。

“剪！我的头发，我都做不了主吗?”小骆一下子从座位上撑了起来，看样子蓄积了他全身的力气。“从小到大，你都把我安排完了。我做什么事情你都要管，连剪个头发，你也要干涉，我受够你了!”小骆咆哮着，额头青筋都冒了出来。

“我不管你，你要上天!”小骆妈妈也毫不示弱，全然不顾在这样的公开场合大家异样的目光。小骆死死地看着妈妈，把脖子上的围布一扯，往地上一扔，狠狠地说，“你这个变态!”然后愤然跑了出去。留下一脸错愕的母亲狼狈地杵在那里……

小骆的妈妈摇着头，怏怏地念叨：“现在的孩子太叛逆了。”

我想小骆的妈妈到那一刻都不明白自己的一片好心为什么孩子就是不领情？难道对于孩子“不合理”的要求，她就不能说不吗？自己到底做错了什么，让孩子如此不听话、不省心。

其实，很多的叛逆都只是太想做自己的主人。

有一次我也带八岁的女儿去这家理发店洗头。在吹头发的时候，女儿说：“我想把头发的下面像妈妈那样弄点小卷卷。”我笑着说：“你还太小，那样的发型不适合你。”女儿说：“我试一下，还有，妈妈，我觉得我拥有对我头发做主的权利。”理发师看着我的女儿，扑哧一声笑了：“是的，小客人，你说了算!”

我很开心，我分明感到小家伙在一点点地试探她在这个世界的定位。没有人愿意事事都被安排的生活，尽管那看起来明艳动人。每个人都有自己主宰生命的权利，他们正是用这种方式来宣告自我意志的存在。

孩子们的每一次任性与叛逆，都是对自主的尝试。

他们在蓄积能量，迎接生命中的海阔天空。

我还记得小骆对妈妈的评价，不是讨厌、可恶，而是“变态”！用这样有分量的词来形容自己的母亲，我想除了他当时爆发的情绪，也跟日积月累中母亲无孔不入的高控，自己长期的压抑和窒息有关。

“空间”这个词，对很多孩子来说，太奢侈。

后来我又碰到过小骆母子几次。我对上次的冲突都还记忆犹新，担心青春期的孩子面子观念太重，不会再来这家店了。但显然是我多虑了，也或者小骆母子彼此都非常熟悉相处的模式，上次的争执不过是他们家常见的一幕罢了。小骆母亲依然指挥着理发师和洗头小工速度快一些，剪得短一些，那种重获控制感的快乐让她看起来神采奕奕；小骆呢，任由母亲安排着、张罗着，面部没有任何表情，仿佛这一切都与自己无关……

最终，儿子隐忍了所有的委屈，妈妈掌控了原有的秩序，一切都那么自然和谐。两位最亲密的人，就坐在我的面前，但我知道，他们的心已渐行渐远。

一切安好，少点焦虑可好？

“现在的家长太焦虑了！”——我的同事跟我抱怨。“一个半期考试，我都要被逼疯了。”我很好奇一个小学二年级的班主任哪来如此大的咆哮式愤怒？

她瞥我两眼：“收起你怀疑的小眼神，焦虑是一种流行病，不光是你们中学老师遇到得多，俺们小学低段的家长有过之而无不及。”

好吧，静静地听你说。

“好多家长找到我们说孩子考得很不理想，担心这样下去就读不走了。问题是，说这话的，有成绩好的、中等的、靠后的学生家长都有。也就是说，无论考好、考差，家长都有担忧的。”

你也许会说，考好了学生家长还焦虑啥。呵呵，我告诉你，焦虑某科本来可以更好一些，但是由于不仔细没发挥出来；焦虑在班上排名靠前，但是年级排位上却没什么优势的；还有焦虑以后保不住这样的名次，孩子的心理落差会不会很大的。总之，焦虑无穷尽。

考得差的学生家长就更不用说了，可以从二年级直接联想到小升初、初升高、高考，甚至整个人生。当然还有担心自信心考没了，在班上不受待见、人格都不健全了等。可谓“深谋远虑”。

一次半期考试，让所有的家长都居安思危，压力“山大”了。有个家长跟我开玩笑说：“你经常写文章说学生焦虑症、抑郁症，我想告诉你，这些娃娃还没到得焦虑症的时候，我已经得了，而且还是重度的。你给咨询吗？”

焦虑是一种病，在家长群体里蔓延开来。对于任何一个有孩子且重视教育的家庭来说，教育焦虑都是一个无法逃脱的牢笼。

我完全理解大家，一不小心我也是其中一员。我们不得不承认，今天的教育现状让我们无法高枕无忧，未来社会竞争的激烈也容不得我们坐视不管。孩子的一丁点起伏波动都会触动我们敏感的神经，让我们担忧、迷惘和痛苦。

其实，我今天想要表达的是，你可以焦虑，但不可以脆弱。焦虑是一种正常的情绪反应，是为人父母的人之常情，但是你选择了脆弱则会将焦虑转嫁给孩子，让孩子承受来自社会、学校、家庭以及自己的多重压力。

我举个例子。孩子考得不理想，你焦虑了。担心他这样下去学得辛苦，在老师和同学眼里没有地位，自信心受挫，于是你的焦虑大到无法排解。你开始四处找补课机构给孩子补习，开动雷达系统检索那些成绩好的同学家长用了什么独门秘方；或者你的目光没有看向外面，而是结合你已经很遥远的读书经历，开始总结成为优生的速成大法，想要立刻升级孩子的认知系统，一键让他迭代更新；还有的干脆直接跟孩子沟通他的现状有多糟糕，还有未来他有多艰难，希望他知耻而后勇，从哪里跌倒，就从哪里爬起来。然而现实往往不是按这样的剧本上演一出麻雀变凤凰的逆袭故事。

曾经有个学生跟我说，他最恨他的妈妈，因为妈妈太过于担心他了。他任何一次考试，妈妈都可以上升到人生完蛋的层面，而且每次都夸大事实，用她所谓的激将法来刺激他去努力。孩子说："我不知道谁厚颜无耻地认为那是激将法，明明就是人格侮辱和自尊践踏!"

不是这个孩子太偏激，而是大人在焦虑下的言行容易让孩子误会，真实的目的不是为了我好，而是怀疑我，担忧我，恐吓我，甚至看不起我。我们很多时候想要的明明是那个，而行为下来却朝向了相反的方向。焦虑没有产生效能，还破坏了本该美好的关系。所以，那么多家长调侃陪读的悲惨，那么多人说，平时母慈子孝，一到考试鸡飞狗跳。

家长，你不是焦虑，你是脆弱。脆弱的人有四个特点：①自信心不足。不相信孩子自身具有解决问题的能力。口头禅：不晓得他一天到晚在想啥子，心思根本没用在学习上。②坚韧不够。没有与困难抗争到底的决心，遇事容易情绪化，没有不断填"坑"的毅力。口头禅：说了无数次了，还是那些老问题不断，新问题又来。③不乐观。看不到一件事情背后蕴藏的积极因素，容易悲观化，绝对化。口头禅：这个时期太关键了，他还犯这样的错误，实在是太糟糕了。④看不到希望。往往觉得前途迷茫，未来堪忧。口头禅：我很担忧他，这样下去考不上好的学校，他这辈子真的就没什么发展前途了。

所以你不是焦虑，你是脆弱。脆弱到自己无法接纳现实，不自信，不乐观，不坚韧，看不到希望，所以你把你的情绪完全转嫁给孩子，希望孩子给你自信，给你坚韧，给你乐观，给你希望。

焦虑的家长内心都是脆弱的，脆弱的家长自然带不出坚强的孩子。

一部经典的印度电影《三傻大闹宝莱坞》主题曲《一切皆好》(*Aal Izz Well*)。每次大难来临时，影片里的男主角就会高唱这首歌。男主角告诉逼迫学生往死里学的大学导师“Aal izz well”，告诉坚持放弃前途无量的工程学而要去非洲拍大象的死党的含辛茹苦的父母“Aal izz well”，告诉面临难产没有专业接生人员的女主姐姐“Aal izz well”，这不是阿Q精神，更不是自由放纵，而是我们内心有自信、乐观、坚韧和希望。当这个取代了焦虑，智慧就会产生，爱就会产生，改变才能真正发生，你们想要奇迹才会幸运降临在你的身上。

“那天我明白了人心是很容易陷入恐惧的，你得哄哄它，无论问题有多大，告诉你的心，Aal izz well。”

“这就能解决问题？”

“不，但你增加了面对它的勇气！”

真正的反焦虑，是用强大的心理能量积极迎接未来的不确定性，这其中包括失败、挫折还有各种至暗时刻。上帝把孩子送到你的手上，就注定要你照单全收，永不退货。

So，take it easy.

永不褪色的梦

圣诞节快到了。有些心急的商家已经开始售卖圣诞节的各种装饰品了。女儿淡然地说："妈妈，我知道圣诞老人是假的。我每年得到的礼物都是你和爸爸给我的。"

我很惊讶，我自认为我和孩子爸爸的演技还是过硬的，没有露出丝毫破绽，那是什么时候被她发现的呢？她说："我同学告诉我的啊！去年我拿了礼物去给同学们说，同学们说我傻，说这世界上根本就没有圣诞老爷爷，礼物也不是他放在长筒袜里的，是爸妈趁我们睡着的时候悄悄放进去的。"

我还满心期待着今年能和往年一样，家里放一棵圣诞树，挂上各色糖果，然后孩子早早地就睡觉了，因为她满心期待第二天的惊喜。我永远都不会忘记第二天她一睁开眼睛就欢呼雀跃地从床上跳起来，兴冲冲地找长筒袜中的礼物，那个既兴奋又幸福还有些不可思议的复杂表情。我认为那是世界上最好玩、最有趣的瞬间。

这个美好的瞬间，今年我将在这个不到八岁的小女孩身上看不到了。

说实话，我挺失落的。

我知道这很正常，也是必须经历的一个过程。我只是有那么一些不舍，我希望她在梦幻中能够再待久一点，因为现实早晚会来，而做梦的时间比较有限。

有个才上大学不久的女孩最近挺苦恼的。因为妈妈每次的微信都告诉她，社会很现实，竞争很残酷。她除了必须在学校学好自己的功课外，还要多修炼一些过硬的本领，多考一些职业资格证，多去接触一些人，拓展自己的交际圈，毕竟将来就业的时候这些积累可能都用得上。说得没错，都是大实话。可是女孩听了总觉得很难过——如此目的性强的学习和交友，总让她觉得提不起兴趣，尽管她自己也觉得妈妈说的这些是很有必要的。

最让她受不了的是，妈妈关于她对恋爱的看法。妈妈说："恋爱不是简单的两个人之间的事，要考虑对方的学历、家境，还有对未来职业的规划，毕竟要走到一起需要考虑的东西比较多；还有女孩要独立，多挣钱，至少结婚之前女方自己得有一套房，这样婆家才不至于轻视自己，否则一辈子都抬不起头……"女孩对此很不耐烦，非常反感。她说："作为母体单胎的她，先不要说会不会结婚，连恋爱的对象都八竿子打不着，哪想得了那么远。你跟我扯哪门子的婆媳关系，想想都觉得可笑。妈妈越把情景说得逼真生动，我对未来就越没有期待。"

你或许会说，这个孩子真是身在福中不知福，这都是人生哲学啊。当初我们就是没有人教，什么都不懂，所以今天才吃了亏，走了弯路，付出了昂贵的代价。如果有人早些告诉我这些现实的道理，我也不会那么感性、梦幻甚至天真，我想我的人生肯定不同。

是啊。孩子怎么办？

我有个朋友就是这样，在读书时代就比我们成熟，我们还在金庸小说与漫画里畅游的时候，她已经开始倒卖一些生活用品(很有经济头脑，不是吗?)。那个时候我们被普希金《假如生活欺骗了你》感动得热泪盈眶时，她说："假如生活欺骗了你，不要悲伤，不要难过，因为还会有更多的欺骗等着你。"事实证明，她是对的，但是那个时候我们都笑她太悲观，她总是苦笑着看着我们，犹如妈妈看一群不谙世事的小孩一样。

后来，这位朋友在大学期间很快就耍了男朋友。八卦的我们还跑去围观，是个要才华没才华，要颜值没颜值的高她两届的师兄。我们诧异地询问是什么样的人格魅力俘获了她的芳心，她白了我们一眼："这种货色当当食堂饭票就行了。"然后，殷勤地满脸堆笑地去为"饭票"倒水去了，留下我们几个面面相觑。

大学一毕业，我的这位朋友就结婚了。我们相约去参加她的婚礼，看着一脸憨厚的新郎官，我们知道，这次这位是长期饭票了。她像妈妈一样开始跟我们"传经送宝"："趁现在年轻，赶快找一个条件好的，稳定下来，再生个儿子，坐稳江山。这样你就可以在家带带孩子，享享清福，还上什么班嘛，收收房租就可以了。"我们那时候都不懂，也不好意思问，收收房租是什么概念，只是觉得和她比，我们有的人才刚刚投了简历，工作都还没着落，她就成了包租婆，坐享其成了。

很多年后，我们断了联系。再次知道她的消息都是通过朋友圈。她主动加了我，从她发的信息看得出来，儿女双全，夫妻恩爱，日子富足。我感慨良多：基于现实的婚姻倒是在平凡日子里滋养出了美好，也算是一段佳缘。没想到隔了一段时间，她给我说："她到成都来陪孩子读书了。"我说："那孩子他爸呢？你们这样不就异地了吗?”她说:“她和‘长期饭票’早就分了,只是没办手续。她不能便宜了外面的小三小四,她经营了十几年的家业,不能轻易拱手送人。”而看似憨厚的“长期饭票”看来也不傻,自然也和她一样的看法,离婚意味着江山分割,自然不划算。所以,这对现实夫妻在这件事情上非常默契——各过各的,永不离婚。

尽管我很清楚这位朋友的为人,事隔这么多年,听到她亲口说这样的论调还一副颇有道理的样子,我还是被深深地震撼到了。

我问她:“你相信爱情吗?”

没想到,她的眼神里泛过一丝光亮,但很快就熄灭了。她摇摇头说:“我妈从小就教导我,爱情能当饭吃吗?我在大学的时候疯狂地爱上了我们学校的篮球队队长,为了他我连‘食堂饭票’都毅然踹了。每天像个‘傻子’一样等他下课,为他做饭,还用兼职挣的钱为他买礼物,我像着了魔一样不顾一切。”

原来,她还有这样的一面。

“我的篮球队长也很爱我,我最感动的是一次他打比赛赢了,他当着所有人的面把我抱了起来,围着球场跑了三圈。那一刻,我觉得自己拥有了全世界。”

“太浪漫了。然后呢?”我好奇地问。

“然后就是要毕业了啊!我认识了‘长期饭票’,我就和篮球队长分手了。我记得情景就像是拍电影,我们分手那天天下着瓢泼大雨,篮球队长无论怎么求我,我都没有回头。那天雨很大,我分不清脸上是雨水还是泪水。”

我说:“你心真狠。”她说:“我知道,你放心,篮球队长很快就结婚了，过得很幸福。”

我说：“我不是说对篮球队长，你对自己太狠心。”

她愣住了，许久才说了一句话：“不过现实终究是现实啊！”

就是这句话，这句我们的耳朵都听起茧的真理。我们渴望天真，最终都败给了现实。我不是要为“傻白甜”辩护，而是有些眷恋那久远了的“不谙世事”了。我很庆幸，我的母亲从来没有在我做梦的年龄过早地告诉我社会的残酷，也没有在我自由恋爱的时候教过我要考虑现实的因素。是的，由于我过于理想化，吃了很多亏，也受过很多伤。但是正因为这样，在我过了做梦的年纪还拥有做梦的权利。

以前上课，我会讲很多美好的故事，就有同学问我：“老师，这故事是真的吗?”我说：“我不知道。”但作为心理老师，我有责任和义务将善良种进心田，让它生根发芽，所以我选择相信。

我知道没有基于现实的梦终究是虚幻，但只有现实没有梦，人生寡然无味；我知道精打细算步步为营的人生很成功，但没有一些所谓的为梦想而犯过的傻和冲动，这样的成功不过是别人想要的样子；我知道年轻的时候不考虑现实会不接地气、蹉跎岁月，但是我们一开始就只考虑现实，拒绝天真，那么我们一路前行的时候都会怅然若失——我为什么出发，仅仅是房子、车子和过美好的生活吗?

正如一部电影里所说：“我们现在什么都有了，却没有了我们。”就像李宗盛唱的：“人生太匆匆，而我已经泪眼朦胧。”

今年的圣诞节，我仍会在家里摆上圣诞树，挂上各色糖果，我也会继续往长筒袜里放礼物，我不期许女儿还会如以前一样露出幸福且不可思议的表情，但是我会继续进行这样的美好。尽管她已经明白了这一切都是套路，世界上也没有住着神仙和天使，但是爸爸妈妈精心守护的童话和爱将会给她五颜六色的梦，永不褪色。

世界本就一半光明，一半黑暗，我们每个人都是别人一生的守候。

阿喀琉斯之踵

古希腊神话中的阿喀琉斯是海神之子，荷马史诗中的英雄。传说他的母亲曾把他浸在冥河里使其刀枪不入。但因冥河水流湍急，母亲捏着他的脚后跟不敢松手，所以脚踵是他最脆弱的地方，是一个致命之处。

长大后，阿喀琉斯作战英勇无比，“刀枪不入”，但最终还是被人发现了他的这个弱点。在特洛伊战争中，阿喀琉斯杀死了特洛伊王子赫克托耳，惹怒了赫克托耳的保护神阿波罗，于是太阳神用毒箭射中了阿喀琉斯的脚后跟，夺走了这位勇士的生命。

这就是流传至今有关古希腊神话“阿喀琉斯之踵”的来历。这个故事的寓意是，没有不死的战神，任何一个强者都会有自己的致命伤。

我们的“阿喀琉斯之踵”是什么？

在我的咨询中，有一位在所有人看来都完美无缺的女孩。长相甜美，个子高挑，成绩优秀，多才多艺——典型的“别人家的孩子”。在名校就读高二的她，最近被一个同样优秀的男生追求。她很欣赏也很喜欢这位男生，但是她每次都断然拒绝男生的追求。很多人惊讶于她的自制力，她的父母也非常骄傲，自己的女儿“心中装着星辰大海，所以不被眼前的苟且羁绊”。但是，当女孩在我面前哭着说出真相时，我却深深地感到悲哀。女孩说：“我不敢让任何人走近我，我极力扮演最好的自己，在所有人面前，绝不允许自己有丝毫的失误。我怕我哪一点做得不好，别人就不会喜欢我了。所有人爱的都是我的优秀，可我知道，我本来的样子，就犹如一个西瓜，外表翠色欲滴，但是只要你打开，或许能闻到它腐烂的味道。”

不愿接纳自己的不足，把真实的自己小心翼翼地包裹起来，是这个女孩的“阿喀琉斯之踵”。外界再多的赞美与荣耀，生活中再多的收获与富足，只要触碰到这个点，女孩瞬间就会倒下崩溃。

这不夸张。

有个男孩，平时温文尔雅，脾气好得要命，用今天时髦的话来说，绝对是一个暖男。但就是这样的一个男孩，却可以因别人的一句话瞬间冻住，情绪跌入谷底，甚至暴跳如雷，与人发生肢体冲突。他自己也不知道原因，在别人眼里那样不经意的一句话，可以让他完全陷入情绪的泥淖，而且更具讽刺意味的是他自己知道大可不必如此，说话的人本没有任何恶意。

有些话、有些行为是一些人的雷区，对你来说无关紧要的东西却对另一个人来说堪比性命，触碰不得。

我们也可以称这个为——“软肋”。形容事物的缺陷、弱点等容易发生问题或遭受破坏的地方，现在借指一个人的痛处和脆弱点，也用于形容人或事的薄弱环节。

其实，每个人都有自己的软肋，只是别人可能看不到，只有自己能体会。

可以肯定的是，每位家长的软肋，就是自己的孩子。

有一次，我坐一家企业老总的车顺路回家。她是一个非常雷厉风行的女强人，家庭也平衡得很好，车上坐着她九岁的女儿。小女孩一见到我，就叽叽喳喳地跟我聊天。我对老总说："她真活泼，语言能力也好。"老总听了，一如既往地扬起她高傲的头颅，笑而不语。这时，女儿突然告诉我："老师，我是数学"学渣"，我数学连 60 分都考不到。我也不知道为什么，看到那些题我都不知道什么意思。看起来孩子很是难过。"作为一个心理老师，我觉得这需要先了解情况，再进行心理建设。"能跟我说说这是什么时候的事吗?"我轻轻地说。女儿正准备向我敞开心扉的时候，坐在前排的老总突然发话了："我们马上要到了。老师今天上班辛苦了，你就不要打扰老师了。"女儿看着一脸严肃的妈妈，低下了头，把到嘴边的话咽了下去。我看着在我眼里无坚不摧的女老总，突然把目光转向了窗外，车里的气氛瞬间有点尴尬。那一刻我明白了，这是她的软肋。尽管接受了很多的西方思想，尽管明白所有的育儿道理，尽管能从容淡定地处理很多大的项目，在职场上得心应手。女儿数学成绩不好却成了她的"阿喀琉斯之踵"。优秀如她，女儿的一丁点"弱"，又岂是她能心安理得地接受吗?

能击垮一个强大的父母的，往往就是没有"如我所愿"。就像你在大海里游泳，你在里面淹死了，不怪大海，是你技术不好。

成绩不够好，是很多家长的软肋；那精神世界出了问题，恐怕就是更多人讳莫如深的致命伤了。

春季是抑郁症复发的季节。请允许我再次科普一下抑郁症。

詹姆斯·米德尔顿是英国威廉王子的妻子凯特王妃的亲弟弟，他是一名抑郁症患者，他在三十一岁的时候写道：

“我知道自己很幸运，过着优越的生活。但这并没有让我对抑郁症免疫。描述这种情况是很棘手的，这不仅仅是沮丧，这是一种疾病，一种精神上的癌症。”

“这不是一种感觉，而是一种没有感觉的感觉，你的存在没有目的和方向。”

“我感觉不到喜悦、兴奋或期待——每天早上只有心跳加速的焦虑把我从床上推起来。我实际上并没有想过自杀，但我也不想活在我当时的心境中。”

从这样的描述中我们看得出来，抑郁症的人不是不坚强，他们是生病了。他们的快乐和希望被疾病偷走了。可是又会有几个家长勇敢地承认自己的孩子生病了？这是绝大部分家长的软肋啊。

我听过一个家长说：“我宁愿孩子身体上被查出得了什么大病，也不能接受孩子的精神出了问题!”因为精神疾病是不被接纳的，是很多人的痛点、隐忍点，甚至觉得是一件极其丢脸的事情。

我见过很多因网络成瘾而辍学在家的孩子，还见过很多因焦虑和抑郁困扰无法上学，却被父母简单界定为青春期逆反，拒绝心理辅导与治疗的孩子们。父母的说辞都如出一辙，那就是：“他们只是一时想不开，受不了挫折，等他大一点就好了”“等他自己调整一下就好了”。然而，本是一件可以通过心理辅导就解决的问题，硬生生拖成了抑郁症、焦虑症，甚至精神分裂。让人怎能不痛心疾首？这样的病患家庭，父母往往痛不欲生且百思不解：孩子啊，我还能做什么？我能解决所有的难题，却无法驱散你心中的阴霾。难道你真是上天派来折磨我的，我一生的债、一辈子的软肋？

我们是一个崇尚坚强的国度。

生活里你总是会遇到一些很“硬气”的人，他们会向你吹嘘说：“在这个世界上我没有任何可怕的，我是一个很勇于面对一切困难的人，所以我不会把自己的软弱显露在任何一个人面前。”或许曾经对于这一类人，你从心里感到崇拜，但是世界上真的会有这样什么都不害怕的人吗？

有爱就有软肋，在乎就有弱点。无论怎样我们都难以割舍那些让我们变得软弱的人或事。没关系，就让我们认清这些弱点，接纳这些弱点，同时找到与这些弱点和平相处的方式，这样我们才能与自己和解，与他人和解，与世界握手言欢。

尽管你我都拥有“阿喀琉斯之踵”，但是我们仍然可以做逆流而上的勇士！

病并快乐着

上周我因受急性肠胃炎的影响，没有“更文”。我深深体会到，“病来如山倒，病去如抽丝。”每每这个时候，我们就会感慨：“健康是第一位的，珍惜生命，远离疾病。”

这几乎是一个常识。

但在我的咨询个案里有几个孩子是这样的“反天性”。

小丁是一个初三的孩子，不，确切地说应该是“初四”。为什么初中都要读四年呢？因为生病。看到这，你一定可以理解，可怜的孩子，生病得多耽误学业啊，这期间一定吃了不少苦头。是的，苦不堪言。小丁是个懂事乖巧的孩子，想要读书，渴望学习，但是由于身体原因，力不从心。你肯定要问，他生了什么病？现代医学那么发达，怎么就一直医不好呢？小丁从初一开始就胃疼，准确地说，一到学校就胃痛，不是一般的可以忍受的疼痛，严重的时候痛得话都说不出来，豆大的汗水不断从额头上冒出来，全身抖得像筛糠一样。父母送孩子去过很多医院，检查的结果都是简单的胃炎，疼痛得这么厉害，可以推论为神经性胃痛。

我们来科普一下神经性胃痛。有的人当承受较大的精神压力时，胃酸会大量分泌，呈现出胃酸过多状态，引起胃灼热，打嗝、胃痛等症状。另外，胃的工作是受植物神经支配的，当人的精神压力过大时，植物神经系统失去平衡，胃就不能正常工作（分泌胃酸、蠕动等），造成胃部不适，引发胃痛。再有，因为睡眠不足，饮食不周，生活、工作、学习等原因，都可能引起植物神经紊乱，引发胃痛。这就是神经性胃痛。

从神经性胃痛的定义和发病原因我们不难看出，孩子是由于承受了较大的精神压力所致。

那么孩子的压力源到底在哪里？

“原生家庭”——很多朋友脱口而出。在现在这个人人都在学点心理学的时代，像“原生家庭”这样的心理学术语，大众也都能认知和认同。这个个案中的孩子“原生家庭”很美满，父母都是高级知识分子，也非常重视孩子的综合素质的培养，至于学业压力还真远远不如其他家庭给的那么大。

那么，是学校和老师？这一点我要为我们的学校和老师代言一下。如果孩子自身不愿意，没有哪个学校和老师能把学生逼迫到非学不可的程度。所以，所谓的来自学校的压力，不过是个体对环境的选择和适应。

那既然父母也没给孩子太大的压力，学校和老师也没有给孩子什么压力，这个孩子为什么就压力大到神经性胃痛了呢？你也许会说压力的感知因人而异，出现躯体化的反应也是个性化的差异。这些我完全赞同，今天我不做个案分析，我想就其中的一点与大家分享。

初一的时候，我见到这个孩子，在我的咨询室里。他疼得全身哆嗦，嘴唇发紫。但是，他还是坚持来到了学校，强迫自己稍微好一丁点就回教室上课。这样的精神让父母和老师都有些匪夷所思，几度认为医生误诊——孩子确实是一种“货真价实”的生理性胃痛，不然无法解释他的积极态度下的精神压力。但是全国各地医院都查不出病因。很多次都是在家休息得好好的，甚至在来学校的路上都是轻轻松松、高高兴兴的，一到学校的大门就开始疼痛无比。——这让极其“崇尚科学”的父母和老师有点哭笑不得。

孩子在痛得无法自已的时候就会到我的咨询室来“疗伤”——那么严重的反应，我们基本无法完成正常的心理咨询，所以一般就是陪着他，东一句西一句地聊天。就是这样的相处模式相处久了，我发现了一个特别奇怪的现象：我从没有听到过孩子问过我这样的问题——老师，我这样下去会不会一辈子被病痛折磨？我会痛多久？用什么样的方式才能让我彻底好起来？

是的，他虽然很痛苦，但是却从没有求助。这说明什么？

在我们的咨询中，每个来访者当有痛点的时候，都会像个无助的孩子，你能感受到他心中的呐喊，我该怎么办——恨不得马上来一剂灵丹妙药让其烦恼顿消。可是，小丁却没有，即使痛到快无法呼吸的时候，都在承受，从来没有问过我，这么痛苦，有什么办法可以治愈呢？

我把这个疑问抛给了小丁，他也诧异了，原来他和他的胃痛相爱相杀，却从未想过要真正的决裂。

其实这样的案例还真的不少。每天都在埋怨工作的无聊、老板的苛刻，却自怨自艾地在某一个岗位干了一辈子；一段无爱无恨的婚姻如同嚼蜡，心中嫌弃对方已经到一个桌子吃饭都觉得困难，却仍然搭伴过着一潭死水的日子；一场心灵的禁锢，让无数个夜晚辗转难眠，却仍然与固有的模式纠缠一生，不愿也不敢走出积极治疗的那一步。

为何我们活得这么纠结——不都说人的本能是趋利避害吗？既然已经破烂不堪，为何还苦苦把持？

很多时候，与现实的痛苦相比，改变带来的不确定，更让我们恐惧。很多人，与其在未知的世界里改变，不如在确定的痛苦里迂回。改变需要的是一份勇往直前的魄力，而痛苦只需要去接纳和承受。

最夸张的心理学例子就是“斯德哥尔摩综合征”，明明是被害者，却对犯罪者产生情感，甚至反过来帮助犯罪者。如人质依恋上了劫持者，把解救者当成了敌人；被施暴者嫁给了强奸犯，把施暴的行为解释为对自己无法抑制的爱。

人是可以被驯养的。在困难面前，我们学会屈服。

“美丽的皮囊千千万万，而有趣的灵魂万里挑一。”这句网络语言我非常喜欢。作为一名心理咨询师，我见过好多漂亮的皮囊，也见过很多无趣的灵魂。之所以说他们无趣，是因为年纪轻轻的他们就学会了死水微澜，因循守旧，长吁短叹，却不会做任何一丁点的改变。

没有鼓励大家都去折腾，舍命追求，毕竟每个人的价值观不一样。我也很推崇平平淡淡才是真的人生哲学。但是对于苦难，对于伤痛，对于那些前进中的迷惘与无助，我还是多么想对你说，勇敢一点，奋进一点，飞蛾扑火后，才有资格议论舍生逐梦到底值不值得。

好了伤疤忘了疼

最近一个朋友运气不好，洗澡遇到单位的电线短路，手脚被活生生烧焦了几个洞，幸亏抢救及时，捡回了一条命。其实烧伤不算太厉害，但是好几个月都没痊愈。原因是外面结了厚厚的一层痂，看起来已经完好如初了，里面却是烧熟了的肉，必须进行“刮骨”疗法，将看似长好了的痂揭开，将坏掉的肉层层刮掉，再慢慢等待新的肉长出来，重新结痂。过程漫长而痛苦，朋友苦笑着说：“我这是典型的好了伤疤忘了疼。”

虽是一句自嘲的话，但却道出了很多人的一种心态。

最近，家喻户晓的著名主持人李咏先生去世了，年仅五十岁。朋友圈里铺天盖地都是关于健康的呼吁。特别是很多中年人开始感慨人生什么都是浮云，唯独健康才是最重要的。于是，有朋友开始把删掉了的跑步软件重新下载，蓄势待发，准备重拾锻炼的热忱；有的朋友立下誓言，坚决要远离手机早睡早起；还有喜欢深夜放毒的朋友，也开始决定戒掉麻辣鲜香，修身养性……似乎一切真的是触动了灵魂，从此走上珍爱生命，健康生活的康庄大道。

然而，人真的容易健忘，好了伤疤忘了疼。几天后，当其他消息开始在生活中蔓延，其他的热点开始冲击人们的眼球，几天前信誓旦旦的“健康第一”很快就消失殆尽。说好的跑步，因为“天气不好，睡眠不佳，状态一般”等各种理由就搁置了；没有手机的日子就像与世界失联了一样的恐惧感又开始促使我们没完没了地在网络的世界里下沉；再加上那清汤寡水的养生饮食怎能满足无辣不欢的成都胃？一切的一切就又回到原始状态。说好的“从明天起，我要……”也就这样飘散到风中。

很多受到的警示就像心上受过的伤一样，当时让我们看到鲜血淋漓的真相，于是我们开始疼痛，并发誓好好治疗这个伤口，但是我们忘了，任何的改变都必须从内而外才能痊愈，当伤口迅速结痂，让我们误认为自己已经完好无损，果断放弃了治疗。

这一切不过是原地打转，徒劳一场。

曾经有这样一个女孩，我们叫她姗姗吧，家境优越，父母中年得子，被视为掌上明珠，恨不得将所有的资源都给孩子。从小到大，无论是学习还是艺术类，这个孩子都师出名门，接受精细化的训练。就是这样，姗姗的成绩还是很一般。初三那年，姗姗的父母对姗姗的学习进行了全方位立体式地助攻——周末两天加平时的晚上都请“名师”到家进行一对一的辅导。都说一分耕耘一分收获，姗姗的成绩不仅没有提高，而且还大幅度地下降了。姗姗的身体素质变得很差，动不动就感冒、发烧。刚好一点，没过两天就又感冒了。她长期觉得头痛，后背发麻，心跳加快，手心也经常出汗，睡眠质量也每况愈下。原本就瘦小的一个姑娘看起来就更加羸弱不堪。

初三的姗姗长期出入医院，成了班上少有的病号，本就不太好的成绩加速下滑。更令人奇怪的是，姗姗的病却一直都没有痊愈，反反复复很是折磨人。直到医生建议姗姗的父母给孩子看看心理科，当医生的诊断报告出现在面前时，姗姗的父母傻眼了。

“重度焦虑症。”

我们给大家科普一下焦虑症。焦虑症（Anxiety），又称为焦虑性神经症，是神经症这一大类疾病中最常见的一种，以焦虑情绪体验为主要特征。可分为慢性焦虑，即广泛性焦虑（Generalized Anxiety）；急性焦虑，即惊恐发作（Panic Attack），主要表现为无明确客观对象的紧张担心，坐立不安，还有植物神经功能失调症状，如心悸、手抖、出汗、尿频及运动性不安等。注意区分正常的焦虑情绪，如焦虑严重程度与客观事实或处境明显不符，或持续时间过长，则可能为病理性的焦虑。

焦虑症一般采用心理治疗和药物治疗相结合的治疗方法，是神经症中易于治疗的病症，且治疗效果相对也会比较好。但是神经症对于大多数的中国父母来说是陌生的，也是可怕的。姗姗的父母面对孩子的这一疾病简直不能接纳，初三的孩子有些焦虑是再正常不过的事情了，自己的孩子怎么就得了焦虑症，还严重到吃药和长期进行心理咨询的地步，这远远超出了他们的想象。

姗姗的父母用了很长时间，确切地说一直都不相信但又无可奈何地带姗姗接受医生的治疗。事实上，在药物和心理咨询共同的作用下，姗姗恢复得很快，躯体化的症状逐渐消失，人也变得积极乐观了很多。她主动提出不补习任何课程，多出来的时间用于游泳、跑步等她感兴趣的体育活动。初三毕业考试固然重要，但是与孩子的健康成长相比，任何父母都会做出妥协。

姗姗的中考还不错，比自己预想的结果要好很多。这一切来得突然，去得也很自然。中考后的那个暑假，姗姗到处去玩耍，开心得不能再开心，看着傻乐的女儿，父母如释重负，见鬼去吧，什么焦虑症，不就是那段时间孩子压力太大了嘛。他们果断决定不去医院复诊，自行断掉了药物，也没有再进行心理咨询。

是的，姗姗的伤口已经结痂，她与她的父母都已经忘记了当初的疼痛。

你或许已经猜中了结局。进入高一，姗姗的父母开始如法炮制初三的精细化教育，因为他们想把失去的时间补回来。姗姗也觉得自己基础差，理应比任何人都要努力，于是挑灯夜战，死记硬背。噩梦出现了，她的大脑和身体不受她的控制，最开始也是反反复复感冒，再到肠胃炎，再到睡眠质量差，每天头昏脑涨，极度紧张与恐惧。——姗姗的焦虑症以比第一次更猛烈的方式席卷重来。这一次，姗姗住进了医院，一住就是两个月。

其实精神类的疾病一点都不可怕。随着科学技术的进步，我们像了解器官疾病一样，了解我们的心理健康；像治疗感冒咳嗽一样，有理有据地治愈我们的神经疾病。心理学早已不是人们心中玄之又玄的学问，它是一门理论和应用的科学。然而很多人对其不甚了解，甚至带着某些偏见，在其来临时措手不及，在其表面消退时又掉以轻心。

精神类的疾病复发率极高，每一次复发都意味着前面的治疗要清零，要用更强大的方式重新开始。这对于病患本人及其家属的耐心和毅力都是极大的考验。姗姗第二次发病没有第一次那么幸运，高中三年，她反反复复住了四次医院，最终没能完成高中学业。

请原谅，我经常讲的故事都带有极强的悲剧色彩，因为我们经常见到阳光下的阴影。那些隐痛，那些看似结好了痂，真的完好如初吗？那些在心里立下的健康第一、珍爱生命的誓言，真的要在即将消逝的生命时才能让我们幡然醒悟吗？那些你在痛楚面前，咬牙切齿双手合十发过的誓言，仅仅因为换了时空老了容颜就风干了吗？

你不是努力，你只是间歇性的热血澎湃，持续性地消极怠慢。在你的骨子里，好了伤疤忘了疼，让你在世俗的洪流中，在他人的裹挟中，常常忘了生命的本源和出发的意义。在这个世界上，我们都会受伤，但是让我们警觉地看看那些结好了的痂，下面是否还有没长好的地方。只有那些地方剔除了坏死的组织细胞，新长出的组织细胞才蕴含着生命的力量！

爱的救赎

小龙是我心理咨询中很成功的一个案例。认识他时，他正和父母闹得不可开交，主要还是厌学，喜欢打游戏，后来发展到连学校都不去了，就待在家里，昼夜颠倒，与世隔绝。小龙的父母因为他，一年多的时间似乎老了十岁。好在虽然过程是曲折的，但结局还是美好的。小龙最终从网络的世界里走了出来，初三最后一年重返校园，洗心革面，发奋图强，最终还上了一所不错的普通高中。现在的小龙已经与一年前的那个叛逆少年判若两人。懂事、大方、勤奋好学，大家都说小龙是迷途知返的羔羊。

曾经因为小龙的蜕变，作为他的心理咨询师的我还有几分得意，见证青春蜕变、点燃自我想要的改变是我在这段职业生涯中最大的价值体验。

前段时间，小龙约我见面。他欲言又止，我心中一紧，难道他又出什么状况了吗？小龙看出了我的担心，立刻解释说，老师，你放心，我已经知道自己要什么了，以前的那个我已经不存在了。我找你是想告诉你一件事——我爸妈离婚了。

我很震惊。怎么会呢？最艰难的日子都走过来了，现在儿子乖巧懂事，这个家庭理应享受最美好的天伦之乐，为什么他们偏偏还离了呢？

小龙仿佛早就料到了这一刻。他幽幽地说道，我就知道，最终他们还是会离的。他接下来的话让我很是震惊——老师，你相信吗？我现在觉得我们家最像家的时候就是我辍学在家的那段时间。

以前小时候，都是我妈管我的学习，我爸忙工作，一般都很少见到人。有的时候一家人聚在一起，我爸和我妈都很少说话。我爸一般没事的时候就窝在沙发上看手机，我妈就洗碗拖地，边做事边唠叨，看不惯我爸，也看不惯我。当然从我爸的表情里，我也看得出来，他对我妈也是极其不满，只不过习惯了，都懒得说了。

初中的时候，我们班有好几个同学的爸妈都离婚了，我看着他们，说实话，我觉得早晚我的家也保不住。于是我就开始耍游戏，我发现一个大秘密。”

小龙顿了顿，吞了一下口水，继续说道：“老师，我也知道这很荒谬，但是我当时真的发现了这件事情的奥秘——那就是，我越叛逆，我爸妈反而站在了同一条战线上。只要我出了状况，我妈就给我爸打电话，我爸就会放下工作，回家来‘教训’我。有一次，我把我妈惹毛了，她把网线拔了，我当时大脑一热，顺手把桌上的水杯给她扔了过去，我妈的额头当时就流血了。我爸立刻冲了出来，扇了我两耳光，然后把我妈拉到沙发上用酒精消毒。我当时都懵了，但是我瞥见我爸手忙脚乱地照顾我妈的样子，我妈像个小朋友一样看着我爸，我突然有一种莫名的感动——我已经很久没有感受到爸爸妈妈他们之间彼此的爱与尊重了。但我觉得这才是家的样子啊。

老师，不瞒你说。我有一段时间有个很荒诞的想法。那就是我越叛逆、越糟糕，我爸妈反而更团结，我的家就更不容易散。你知道吗？我气我爸，我妈就会过来劝我，尊重我爸，说我爸有多么多么的不容易；我气我妈，我爸就会过来劝我说，我妈为我付出了多少。说来也好笑，这些我不知道吗？我只不过想要他们自己知道而已。

我整个人傻眼了。我听过太多叛逆的理由，这个缘由还是第一次听到。原来有些孩子的叛逆，根源在于挽救父母早已冰凉的关系和岌岌可危的婚姻，孩子成了夫妻关系中的替罪羔羊。

其实这样的论述，我后来在《热锅上的家庭》这本关于家庭系统治疗的书里看到过相关的论述。治疗师是从精神分析的视角挖掘出大女儿叛逆实际上是在挽救父母的夫妻关系，而这一切整个家庭都不得而知，甚至大女儿本身也没有意识到。

今天听小龙亲口说出来，我才真正地被冲击到。在一个家庭里，各种关系的亲密度、爱的融合度，没有人能够置身事外。家庭是一个系统，我们每个人都是这个系统中不可或缺的一分子。

前段时间有篇微信推文《爸爸，你早就不爱我妈了吧》，看得很多父母，特别是母亲泪光涟涟。孩子也许没有很强的解读能力，但却具有世界上最好的感知能力。他能感受到真正的爱与关心，也在模仿着爱与被爱，而这一切都在原生家庭里潜移默化地进行着，而在爱中长大的孩子才具有足够的安全感，可以尽情在追求幸福的路上撒欢、嬉戏。

我们给孩子足够的爱，除了亲子之爱，还有父母彼此的尊重和关爱。

今天的世界，爱很奢侈。很多人是幸运的，我们因为相爱而走在一起，组建了家庭，有了属于我们的孩子。在今天，很多人爱孩子却忽略了身边的伴侣，甚至互相挤对，彼此拆台，并误认为自己在为孩子付出，为这个家庭付出。其实，在这座我们亲手建设的城堡里，每个人都是相互依存的。请拿出你最大的热情和耐心去好好守护、用心经营一下自己的爱情吧，因为只有你们好了，孩子才会更好。

婚姻的救赎不是孩子，而是每个家庭成员彼此相爱。

我只在乎你

有一件尴尬的事，那就是三月不减肥，四月徒伤悲。由于最近成都天气是一夜入夏，我隐藏了一个冬天的“秘密”终于藏不住了——那就是号称长不胖的神话被打破了。

其实也不见得长了多少，只是于我的体型而言，是有胖了一圈的感觉。有几个朋友都对这件事直言不讳，甚至有位关系很不错的男性朋友直接问我，你今年衣柜的衣服是不是都要换了？我自己其实是非常不满意这个现状的，特别是面对朋友们或调侃或真诚的规劝，我是真的觉得必须拿出行动来对抗多出来的几斤脂肪。可是，令我自己都感到失望的是，我仍然该吃吃，该喝喝，甚至一边叫嚷着减肥，一边仍然大快朵颐。

不是我缺乏毅力，我很清楚自己，如果真要做什么事的话，我还是很容易控制自己，达成目标的。或许，我从内心深处对自己接纳度太高了，还没有达到觉得非做这件事不可的地步。

于是，嫌弃着，也放任着。

直到今天晚上。我和往常一样，十点过打开冰箱开始觅食。刚好见到前两天朋友亲手做的蛋糕。太棒了，正合我意，我迅速拿出蛋糕，再拿了瓶酸奶，准备美美地享受一顿。就在这时，妈妈从卧室里走出来，大声训斥我：这么晚了你还在吃。你看看你自己都成什么样了！你以为你还是二十多岁的小姑娘啊，你这样没有节制，会长成大胖子的。不，你现在已经比我还胖了！……

我张大嘴，手里的叉子悬在半空，那一瞬间，食欲全无，羞愧万分。能言善辩的我，居然没有半点底气怼回去，灰溜溜地把蛋糕放回冰箱，刷了牙，惊魂未定地上了床。是的，在我妈面前，我不得不认怂。

我开始思考，从小到大，我在别人面前都理直气壮，当然很多时候没有道理也能掰扯出一些来，可是在我妈面前，我却经常产生无力感。

以前的画面在眼前浮现：

小时候，只要一拿到奖状就飞快地跑回家，妈妈的脸笑开了花，一个劲儿抚摸着我的头，喜悦之情溢于言表。邻居家的孃孃在我妈面前开始炫耀他们新买的电视机，我妈轻轻地说一句："我女又得了第一名，我喊她出来玩，她就在家里看书，真是愁死了。"我看到邻居家的孃孃脸色一变，因为他们家两个儿子成绩在班上都是垫底，我瞥见妈妈难以掩饰的得意，这样的 PK，妈妈完胜！现在她已经是个小老太太了，早就没有年轻时候的高调与张扬，我也失去了读书时候的光芒，平凡得如森林里的一丛灌木，在这个高楼林立的城市里苟延残喘。老太太们经常谈论的话题依然是哪家的孩子在哪儿工作，孙儿在哪儿读书。我看不到妈妈当年得意的表情，我也知道随着岁月的流逝，妈妈早就放下了对我的诸多期待与要求，但是无意间听到那么多优秀的"别人家的孩子"，我偶尔还是会心存紧张，无形的压力骤然而生。

不是我还生活在别人的评价里、无谓的比较和虚荣里，而是久违了的童年记忆和生命烙印没有消失。

就像我现在写这篇文章的时候，习惯性的饥饿已经让我血糖有点低了，要是以往我肯定早就不管三七二十一吃饱再说，今天我居然没有任何的冲动，也能抑制汹涌澎湃的食欲。

为什么？

我想，很多人，走到天涯海角，经历千山万水，看破世间沉浮，终究最在意的，还是自己的父母——我们一生都在证明，我是好孩子，是爸爸妈妈的骄傲。所以我们报喜不报忧，所以我们穿上盔甲去打怪，所以尽管有这样那样的不容易，我们仍擦干眼泪继续前行——很多时候，我们努力奋斗，只是不想让父母感到失望。

我只在乎，你因我而骄傲的眼神。

记得有一次我给高一的学生放了一部电视剧《犯罪心理》中的一节。剧情讲的是一个二十多岁的男孩囚禁了一个大学女生，切掉了她的脑干，在她眼睛里安置了摄像头，并通过她的眼睛，将这一过程全程实况直播。手段之残忍、心态之扭曲，让人不寒而栗。真相层层拨开，凶手居然是这个女孩的亲哥哥。FBI 的犯罪侧写师之所以能够锁定凶手，非常有利的一个依据就是“他拿自己的妹妹做医学实验，全程直播，其实全世界只有一个观众，就是那从小到大都认为妹妹比自己优秀的父亲”。剧情的结尾，是儿子戴着镣铐，妹妹终身残疾与痴呆，父亲面无表情地走向女儿，一眼都没有看这个穷凶极恶的儿子。儿子愤怒而带着愉悦地复杂的表情冲着父亲喊道：你看到了吗？你看到了吗？我可以的！我可以的！声嘶力竭中又是笑又是哭的表情，万分狰狞，但又让人莫名悲痛。

让我真正没想到的是，这个片子放完了，教室里想起了低沉的抽泣声，还有几个一向特别活跃的男孩居然眼圈发红，沉默不语。课后，我收到了一个男孩的纸条：我也特别想对我万能的父亲说一句，你看到了吗？我可以的！

我们一生都渴望得到他人的认可。心理学家威廉·杰姆士曾说："人性最深层的需要就是渴望得到别人的欣赏和赞美。"父母是孩子最亲近的人，是孩子接触这个世界时的启蒙者，如果父母对孩子不认可，那么孩子的内心会产生一种自我怀疑从而衍生成自卑，而那些从小被父母温柔以待的孩子，他们的内心充满自信，长大后才有探索世界的能力与勇气。

在综艺节目《奇遇人生》里，歌手范晓萱在谈到母亲的一个电话时，泣不成声。电话中，妈妈说：

"我最近在网络上看到有你的节目，然后又把你之前的一些表演、MV 之类的视频又看了一遍，妈妈想给你说'你真的很棒'，那个时候妈妈没有支持你，妈妈现在给你说声对不起，不知道这个鼓励会不会来得晚了一点。"

范晓萱在讲妈妈说的这段话时，全程都在流泪。时隔多年，终于等到母亲认可的范晓萱，虽然内心澎湃却故作淡定地说："妈妈，谢谢你，您给我的肯定永远不会太晚，谢谢您愿意告诉我，您给我的肯定，对我来说很重要。"即使已经是天后的范晓萱，赢得了世人的认可又如何，如果得不到母亲的认可，她的心里也会有遗憾。

看着"泪崩"的范晓萱，我理解她那一刻的动容，不知道妈妈的这句肯定，她究竟等了多久，期待了多久。

或许父母以为孩子在成功时才需要认可，其实恰恰失败时的认可更容易鼓励孩子获得成功。父母的认可，胜过千万种成功。

世界之大，纷纷扰扰，您的认可，终究是我一生最在乎的事。

Part 5

孤独并不是来自身边无人。感到孤独的真正原因是因为一个人无法与他人交流对其最要紧的感受。

——卡尔·荣格

网

有九个女生，以字母 A 至 I 命名。其中，A，B，C 是好朋友，E，F 是好姐妹，D 和 G 是两个个性很独立的女生，基本上独来独往，各自为政，H 是一棵“墙头草”，跟所有人都可以相处，但跟谁都谈不上要好。我们的主人公是代号为 I 的同学。她的心思非常细腻，在她的眼中，友谊比学习更为重要。她想象的初中生活，就是能和一群好朋友谈人生、谈理想，一起学习，共同进步。

班上加她一共九个女生，小 I 从开学第一天就试图与她们建立良好的关系，开启自己梦寐以求的闺蜜生活，然而这样的格局让小 I 有些手足无措。都说三角形最稳定，在女生的人际交往法则里可不是这样的。A，B，C 三人组合经常上演“争风吃醋”的大戏，一会 A，B 联合孤立 C，C 在受伤的情况下找到小 I，还没等小 I 完全融入两个人的情感时，A，B 又吵架了，C 立刻回到 A 的身边，共同讨伐 B，这个时候 B 又找到小 I，小 I 又成了小 B 同学共同对抗 A，C 的盟友；盟友还没熟络，又因 A，C 闹崩了，B，C 又结盟，剩下小 I 又成了 A 的备胎……更气愤的是，一圈下来，A，B，C 居然又兜兜转转合体了，小 I 无比尴尬，被晾在了一边……你或许会说：那不是还有 E，F 吗？小 I

可以和她们做朋友啊！小I当然也尝试过，当她试图走进两人的世界时，对方警觉地看着她，仿佛在看一个第三者插足，吓得小I马上识趣地离开了。你或许会说：那不是还有D和G吗？你要知道独来独往的女生个性品质有多强，一般人都招架不住，小I也发现了，无论自己如何将就，忍出一身内伤，与D和G这样的同学都不可能成为朋友；那不是还有一个H吗？小I嗤之以鼻，这个人跟谁都一样，怎么能奢望她对自己真诚相待呢！她不符合小I对亲密关系的期待。

想要的走不进，将就的又看不上，小I在这样的一张人际关系网里，迷惘着，孤独着，悲伤着……

是不是很复杂？令人匪夷所思？

在现实生活中我们经常听到这样的论调：说很多女孩子到了初中和高中，学习的势头就不如男生了。很多家长把这个现象归因为女孩子的智力差异，特别是在理科上的差异。其实，很多女孩子到了中学阶段学习发展出现一些情况，很大原因跟她们的情绪有关，而一部分情绪来源于人际关系，特别是同性之间的依恋关系。

有孩子也会向父母吐槽自己所遭遇的这些“狗血”的关系，父母们往往都不以为然：学校嘛，就是学习的地方，又不是喊你去交朋友的，各学各的就行了嘛。听起来很有道理的样子，但其实是完全不符合逻辑的。学校不仅仅是学习的地方，也是满足我们安全感、归属感的场所，每个孩子都要在学校面临社会化问题，成为一个社会人。没有强有力的人际交往能力，我们的孩子内心很容易失衡，从而诱发很多心理问题，甚至是心理疾病。

我在三年前就遇到过这样一个案例。

高三成人礼，隆重而神圣。男生们穿上西装、系上领带，女孩子们穿上裙装，略施粉黛，他们在父母的陪伴下走上红地毯。大家纷纷合影留念——亲子情、师生情、同窗情，整个会场都洋溢着温暖和感动。

小熙也是其中之一，她感到幸福极了。小熙是幸运的，家庭和睦，成绩优秀，更重要的是高中三年她有一个亲如姐妹的闺蜜小彤，按别人的话来说，两个人形影不离，犹如连体婴儿。小彤是外地考进学校来的，周末很多时候无法回老家，都是去小熙家里，小熙父母也是对小彤关爱有加，高中三年两人关系都很亲密，这样的情谊实属难得。

在今天这样的情景里，两个闺蜜怎能不好好地摆拍两张呢！小熙像只欢快的蝴蝶飘飞到小彤的身边，嗲声嗲气地说：“小彤乖乖，我们去拍照吧！”没想到，小彤一把推开小熙，面无表情地看着她，嘴里蹦出两个字：“走开！”小熙从未见过这样陌生的小彤，整个人懵在那里。小彤很冷静地说：“终于找到机会了！其实我想跟你说，这三年，我受够你了！我现在终于不用再忍受你了，我从来没有把你当成朋友。事实上，我讨厌你！”

说完，决绝地走了，头也没回一下。

那天以后，小熙走进了我的咨询室——整个人崩溃了。

小熙一直在重复着这样一句话：

“为什么？她为什么会这样对我？”

小熙说：“她再次去问过小彤，是不是有什么误会。”

小彤说：“没有，就是不想和她做朋友了，忍了三年，累了。”

小熙说：“我们三年都是最好的朋友啊！”

小彤说：“那是你认为的，我不是那么想的。”

十八岁的小熙想不通，朝夕相伴的好朋友说翻脸就翻脸，昔日的情谊说断就断。她再也没有心思去学习，没有精力去思考未来，临近高考的她几近崩溃，终日以泪洗面。

小熙的妈妈看到女儿这个样子，非常担心。她也主动约小彤谈过。最开始她也以为就是两个女孩子之间使点小性子，闹点小别扭，两三天就好了。毕竟这三年他们一家对小彤也是非常好的。前不久，小熙妈妈还给小彤送了一份十八岁的礼物，从她的内心深处，是把小彤当成自己的女儿一样对待的。

但是结果仍然让人瞠目结舌。小彤面对阿姨，出奇的冷静，还是那句话：

我和小熙不是好朋友，我也不想和她做朋友了，太累了。我不想再装下去了。

小熙的妈妈愤怒地反问道：

什么叫作不是好朋友？那这三年你们的相处算什么？

“伴啊”，小彤说，“谁不需要一个伴呢！小熙需要，我也需要，所以我们只是相互陪伴了三年而已。在我内心，我没有把她当成我的朋友！至于你们怎么想，是你们的事。”

面对这个十八岁的姑娘，小熙的妈妈惊讶得一句话都说不出来。这些年轻的孩子到底是怎么定义友情的，又是怎么界定彼此的相处模式的？可以如此冷漠地互相利用而不带任何感情色彩？昨天还在一起“耳鬓厮磨”，今天就片叶不沾地抽身离开了？

三年的友情到头来在她的眼里仅仅就是一场交易，想想就让人不寒而栗。

故事的结尾很悲凉。小熙那段时间每天都往我的办公室里钻，像祥林嫂一样说着她与小彤的前尘往事，歇斯底里，宣泄内心深处的愤懑，触痛了全身的每一根神经。我除了陪伴、安慰，别的什么都做不了——高考前十天，小彤给了小熙一个致命的打击，猝不及防，我们的心理建设根本无法发挥功效。

小彤最后考得好不好，我没有去追踪，我只知道小熙考得一塌糊涂，最后去了一所普通大学。后来我们就断了联系，其他同学也不清楚小熙的状况，只说她与学校的任何人都没了联系。

那散落的友谊，戏弄了青春！

这样的人际创伤要多久才能平复？付出得越多，受到的伤害就越大。我不知道随着时间的流逝，那个活泼的小熙是否已经淡忘了那段假友谊，仍然能以一种单纯而豁达的内心去面对身边的人，还是从此伪装笑容，躲在墙角，掩藏那孤独而又怜悯的伤……

人生，总有黑暗的隧道需要自己穿越。在那些青春的日子里，我们需要抱团取暖，但也许我们太笨拙，太直接，最终把彼此都伤得遍体鳞伤。谁对谁错相对于那些流淌的欢乐与眼泪已经不那么重要了，就算你欠我一句对不起，我也不会再说没关系了。

亲爱的孩子们，学会相处吧，学会相爱吧，学会珍惜和善待来到我们身边的每一个人！阅读本文的家长朋友们，请将真诚与善良播撒进孩子的心田吧，教他们不要弄丢任何一个对自己好的人，不要漠视任何一份对自己深的情——在这个本就薄情的人际关系网里，唯爱与信任不可辜负！因为我们每个人都是孩子，都是痛了会哭的孩子。

绿眼的妖魔

最近省上又在进行心理健康课比赛。记得有一年我听了一节课是关于嫉妒的，同学们的参与度很高，谈了很多嫉妒他人和被他人嫉妒的故事，情到深处泪光闪烁。我坐在下面有点懵，对这个话题我竟然可以无感到这样的程度，让我自己都甚是惊讶。当时坐我旁边是我新带的徒弟，他跟我说，师傅，嫉妒这种心理状态在中学生中间还是挺普遍的，我们有必要跟同学们探讨一下。

我连忙摇头说，这个超出了我的能力范围，主要是我的情绪体验比较少。我说得非常真诚。

徒弟翻着白眼说：说这话就让人嫉妒。

真的，从我的个人经历而言，我好像很少嫉妒过谁，倒是因为自己读书时成绩比较好，招致不少人嫉妒是有的，这样说各位看官肯定要笑出眼泪来，我这样的自吹自擂真是不够谦虚。

来，我们来官方界定下，心理学对嫉妒的解释：它是一种人与人之间的不良关系的体现，它是人感情的表现。由于怨恨且察觉别人享有之利益，并欲将其占为己有，因而产生的一种情感与心理状态。《心理学大辞典》中解释说：嫉妒是与别人比较，发现自己在才能、名誉、地位或境遇等方面不如别人而产生的一种由羞愧、愤怒、怨恨等组成的复杂的情绪状态。

从定义上来看，我产生的体验真的很少——在我天生的意识形态里，我都觉得自己普通得不能再普通，所以这个世界上比我厉害的人实在是天上的星星数不胜数，我很难理解为什么要产生羞愧、愤怒和怨恨，甚至欲将其拥有的利益占为己有。这对于我来说，是匪夷所思的事情。比如，小时候看到别人比我厉害，我都是羡慕、欣赏，甚至“与有荣焉”。到今天为止，我都有个“怪癖”，不嫉妒身边优秀的人，反而害怕身边的人太差劲；如果我身边都是一些不如我的人，这才是最要命的；越是这样，我觉得我的身边经常聚集一些优秀人才，我很开心地与他们交流，“献上自己的膝盖”外加“羡慕没有恨的小眼神”，并时刻提醒自己越发努力，向优秀看齐。

这不是自我表扬，而是一种对比。我把自己的心理状况描述得清晰，我就越愿意和大家探讨这种我思维里的盲区，它是怎样的一种运转机制，又是怎样的一种体验，以便于我在今后的工作和生活中更好地与他人联结，建立同理心。

在我咨询的个案中，有一例很典型，是关于嫉妒心方面的。(其实只有一面之缘，但是因个案太过于特殊，所以印象非常深刻。）那是一对双胞胎的故事。说是双胞胎，这对姊妹花却是两个截然不同的个体（生物学称为异卵双生）。大双皮肤白皙，小双皮肤粗糙暗黑；大双大眼睛小嘴巴，小双笑起来眼睛就是一条缝——其实两个人的颜值差异也不至于大到那么“天差地别”，只是因为是双胞胎，一样的穿着，一样的行动，出于惯性思维，两个双胞胎的“不一样”就成了大家议论的焦点。于是，接下来的差异就更加戏剧性地上演了——大双活泼，小双内向；大双成绩比较好，小双很是一般；大双性格好，颜值高，自然人缘好，小双不那么遭人待见。更要命的是，大家面对这样的差异，八卦心态爆棚，津津乐道谈论这样的鲜明对比，而全然不顾小双内心的痛苦——小双在我面前失声痛哭，她觉得姐姐的存在就是为了把自己衬托得无地自容，姐姐就是她的噩梦。如果没有这样的天使姐姐，她怎么可能成为灰头土脸的可怜虫？她恨死了这个样样都把自己比下去的双胞胎姐姐。她觉得这是上天对她最大的不公平，姐姐和她，任何一个人的存在都是一场错误。她对我说，很多次她甚至想趁姐姐熟睡的时候，掐死她……然而都只是想象而已……更多的时候是对姐姐的种种的优于自己的深深地嫉妒与痛恨。那是一种深入骨髓的怨恨，伴随着想毁灭姐姐的负罪感和羞愧感——小双的内心扭曲了。

故事真的很具有戏剧性。在姐妹俩十五岁那年，姐姐遭遇了车祸，突然离世了。一下子，真的是大逆转，小双想要的生活都实现了——大双不在了，失去了一个女儿的父母把所有的爱加倍给了她，再也没有天使姐姐与她做比较了，她成了整个家庭最闪耀、最受关注的人，走到哪里，也没有喋喋不休的嘲讽与看稀奇的围观了。生活美好而平静。这不是她梦寐以求的生活吗？然而之前对姐姐深深的嫉妒、邪恶的观念已经根深蒂固，她一度坚定地认为，是自己没日没夜的诅咒，让姐姐遭遇了横祸。她是凶手！难以自拔的愧疚和悔恨以及对自己的厌弃达到了极点，她崩溃了！

与其说是咨询师，其实我只是这个故事的倾听者，因为我接触到小双的时候，她已在医院接受精神治疗，却一直不见好转。医院她也不去了，更不愿意接受心理咨询，她的负罪感已经强烈到没有生存的意愿。

请注意我们不做个案分析，造成悲剧的原因当然与嫉妒没有直接的关系。我提出这个特殊的个案，是想试着还原当时小双在有个天使姐姐的对比下，那种相形见绌产生的锥心的嫉妒会有怎样的威力，以至于最终摧毁一个人的神志。

我很抱歉，现在想来在这个个案中，我是有一种伪装的同理心的。那就是当小双说出对姐姐的嫉妒之心时，我一个劲儿地表示理解和接纳，但从我内心深处来讲，我是无法理解的。我能想象每次在众人的比较中她的自卑，但是我无法理解一个人的自卑可以转化为深深的嫉妒去伤害自己的亲人。虽然她并没有付出任何措施，但是在她的心里她已经实施了一万次，甚至感到快意恩仇。

小双的痛，我理解，但无法感同身受。

莎士比亚说："您要留心嫉妒啊，那是一个绿眼的妖魔!"中国也有这样的一个寓言故事，说有一个人遇到了一个神仙。神仙可以满足他三个愿望，但是条件是，他的邻居可以无条件得到他的双份馈赠。那个人很开心，第一个愿望是要一袋金子，他得到了，结果他的邻居一下子有了两袋；第二个愿望是有一个貌美如花的妻子，他得到了，结果他的邻居得到了两个；当说到第三个愿望的时候，这个人眼里闪过一丝寒意，说："请挖掉我一只眼睛吧!"

我不寒而栗。

这世界上唯有阳光和人性不可直视。我们不是要存有一颗防备的内心，而是要提防自己，或许，此刻我们的内心里不知什么时候也住进了那只"绿眼妖魔"，它在伤害别人的时候，或许也伤害了自己。

有一个老板，每天都会让他的员工分成两列站在公司门口，说三句话，很简单：这个人跟我一样，人生波折重重；就跟我一样，他们懊悔自己所犯下的错误；就跟我一样，他们想要快乐。说这话的时候，每个人内心都激起了一阵涟漪，我想，这种心情叫作慈悲。我很庆幸在我的成长过程中，没有那样的“绿眼妖魔”，但我不确定它什么时候会出现，会产生多大的能量。但我总想，我们随时警醒自己拥有一颗慈悲心，做好自己就行了。这个世界或许会温柔很多，于人，于己。

同桌的你

上周星期三，我的微信公众号还未更新。好友发来微信：粉丝坐等更新哦。我笑说，好有压力哦，被期待。她说，我监督你。

她是我高中的同桌，二十年前她也这样对我说。

那时我们就读的是一所县城里最好的高中。那时的课桌是长条桌，我们是名副其实的同桌。不像现在的孩子都是一个人一个座位。严格意义来说，现在都谈不上是同桌了。

那时我们的学习压力也很大。至少我是这样的。用现在的话说，沉迷于学习中无法自拔（请叫我“学霸”）。在我的印象中，我的高中生活是乏味而单调的，并没有什么太多的逸闻趣事值得我去追忆，留下的莫过于学习啊，考试啊，食堂啊，三点一线枯燥乏味而又千篇一律。倒是这个同桌让我印象深刻，至今想来她带给我的愉悦的情感也算可以填补一下我那“黑白”的高中生活。

她剪着齐耳的短发，不对，我们那个时候都必须剪短发。同桌的头发很黑，且柔顺，有点拍洗发水的广告效果，可怜了自然卷的我，那一头意识流的造型，我也是“醉”了。想想我们的高中啊，你欠我一张十八岁的高颜图——不要笑，相信每个人发黄的相册里都有几张想毁掉的照片。直到今天再次见到我的同桌，她手机里居然还有我俩那时开运动会的照片。我惊慌失措大声喊，删掉，删掉！她一脸的真诚，你看你，那个时候多有书卷气。话说我和同桌那时喜欢做一件事——聊金庸小说，而且我们最喜欢聊的是《倚天屠龙记》。你以为我们聊的是小说原版，不，我们聊的是电视剧，且是“咆哮帝”马景涛版的。想想也是奇妙，只要一有闲暇，我们两个就凑到一起，窸窸窣窣地聊这部剧，眉飞色舞。她更痴迷，那时电子产品不多，我们都有随身听，还是用磁带的那种。她们家电视放的时候，她就在一边用随身听录，然后带到学校来跟我听“原声大碟”。画面几乎全靠想象的我们居然听得如痴如醉……十六七岁的年纪总有些情愫无法用理智去解释。就像我当年高考前发誓，一定要看完所有的金庸小说，可今天有条件看，我却没兴趣了，就像所有金庸小说里，我最不喜欢的英雄人物就是张无忌。同桌，看到这儿，你不要打我。我当时是真的喜欢的，今天的不喜欢也是真的。

不是因为老了就爱怀旧了。今天的主题不是致我逝去的青春。我想讲讲今天的孩子们和孩子们的同桌。

想必今天的很多孩子也和同桌有很多逸闻趣事吧。是一起去听“五月天”的演唱会，一起聊鹿晗的女朋友，还是一起约“王者荣耀”的网游？他们还像我的同桌对我说的一样，我监督你吗？

作为一名心理老师，听到的故事都与苦难有关。

有一个五年级的孩子曾告诉我，他有一个特别好的朋友，他们之间无话不谈，没有人能替代他对于自己的意义。后来他来成都求学，好朋友则留在了老家继续读书。国庆节他们相约在一起玩了三天。他高兴极了，真的是人生得一知己足矣。他说跟好朋友挥手告别那一刻，他泪流满面——我这一辈子都不要和他做朋友了。我惊讶极了。他淡然地说，如果我们不是这么好的朋友，分别就不会这么痛苦。

怕分离之痛，宁愿斩断情丝；怕有朝一日受伤，还不如一开始就不投入任何情感——这样的因噎废食让人唏嘘。过度的自我保护，又怎能充分享受友谊的美好？这一切，只因我喜欢的终究是我自己。

另一个孩子说她有一个好朋友，她们一起追星，一起看动漫，玩“cosplay”。她们成绩都挺好，而咨询我的那个女孩还考过年级第一。那是她一生当中最美好的时光——有成绩，有朋友。五年级暑假后一切都变了。她的好朋友补了一个假期的奥数，不知道为什么回来成绩一下子就变好了，好多次都把她远远地甩在了身后。于是她的父母如法炮制，也把她送去补奥数，可越补成绩越差。她的父母无数次拿她的好朋友跟她比较，不断地唠叨，说别人智力远不如她，就是她不努力，才造成了今天的技不如人。如今这两个好朋友早就没有任何交集，那个女孩考上了一所特别好的学校的重点班，而她却只读了一个普通高中的普通班。如今的她不快乐——没成绩，没朋友。她说，这个朋友一刻都没有离开过她的生活，她活在父母的嘴里，活在自己的梦里。她的荣耀和失败都被这个朋友陪衬、放大到让她无地自容。她对我说，她的人生都被这个朋友给毁了。她就是我的噩梦。

这样的朋友，我们通常把他叫作别人家的孩子。我们很多的孩子都有这个“阴魂不散”的“朋友”，他们充斥着我们整个一生，小时候他们的成绩碾压着我们，长大了他们在哪里干什么工作，开什么车，小孩读什么学校，都会成为父母永远挂在嘴边的活生生的样板，把我们的人生映衬得暗淡无光。这样的“朋友”，想说爱你简直太不容易。

有一个孩子一直都想不通他的同桌用他的笔、修改液等学习用品就像用自家的东西一样，连招呼都不打，更别说谢谢了。他想他应该从没把自己当外人。可是，有一次他用这个同桌的笔，没想到这个同桌一把将笔抢了过去，一脸嫌弃地说，你为什么不给我说一声。他说，我现在给你说嘛。同桌很干脆地回答他，不借，然后毫无表情地继续做作业。留下他满脸的懵——原来不把别人当外人的是自己，别人还是把自己当外人的。

同样的情景有一个家长也遇到过。自家的孩子有些内向，生活自理能力也不是很强，寝室里的同学就经常嘲笑儿子，且给他取了有侮辱性的绰号。儿子为此很伤心，几度想要走读，甚至转学。母亲是个很明事理的人，一边安慰孩子，教育孩子如何提升自己，一边买了很多零食隔三岔五地送到寝室里给全寝室里的孩子一起吃。这群小屁孩受到这样的待遇，嘴甜得跟抹了蜜一样，阿姨长阿姨短的叫。当然阿姨也就委婉地表达了自己的诉求，希望孩子们多谅解自己的孩子，同学之间友好相处。同学们一个劲儿地拍着胸脯说，阿姨，您放心，我们一定相亲相爱。阿姨在心里默默为自己的聪明才智鼓掌。没想到，儿子周末回来，哭得一塌糊涂。为什么，嘲笑依旧，绰号叫得更响。阿姨的怀柔政策并没有化干戈为玉帛。她实在想不通，跑到寝室里去问这些小朋友。小朋友们一脸的单纯——阿姨，我还以为你是喜欢我们才给我们准备好吃的呢。面对这群新新人类，混迹江湖多年的阿姨竟无言以对……

相信今天的成年人的微信群里总有一两个同学群。刚开始，群里热闹非凡，各自调侃着陈年往事，再八卦下今天的生活境况，进而热度开始下降，除了过节几个活跃分子发发群发的动态图，互祝节日快乐，从此一般也就归于平静。我也看过很多朋友穿上统一的服装，戴上红领巾相约二十年的同学会。觥筹交错之间，中年人发福的身材，还有美图秀秀拍出的光洁的脸庞仍能看出岁月留下的褶皱，但我仍然数度被这样的照片打动。“那时候天总是很蓝，日子总过得太慢。你总说毕业遥遥无期，转眼就各奔东西。”相比而言，我们较之今天的孩子更有时间和空间去消费青春。

当青春逝去，我们这群人开始缅怀那段青涩而美好的读书时光，我们的高三毕业的孩子们也晒出了他们“蹭饭图”。不知我们今天的孩子们是否也会和我一样总能忆起青春一二事，还是绞尽脑汁都想不出除了没完没了的考试和作业，青春，只是当时已惘然罢了。

愿斗转星移，容颜改变，这份情谊不变。

这篇文章起源于我的同桌，最后，我把我俩当时那特殊的爱好《倚天屠龙记》的主题曲《刀剑如梦》送给你，不要太感动哈。

我剑　何去何从

爱与恨　情难独钟

我刀　割破长空

是与非　懂也不懂
我醉　一片朦胧
恩和怨　是幻是空
我醒　一场春梦
生与死　一切成空

来也匆匆　去也匆匆　恨不能相逢
爱也匆匆　恨也匆匆　一切都随风
狂笑一声　长叹一声
快活一生　悲哀一生
谁与我生死与共
来也匆匆　去也匆匆　恨不能相逢
爱也匆匆　恨也匆匆　一切都随风
狂笑一声　长叹一声
快活一生　悲哀一生
谁与我生死与共
谁与我生死与共

那么远，那么近

从生到死有多远——呼吸之间

从迷到悟有多远——一念之间

从爱到恨有多远——无常之间

从古到今有多远——谈笑之间

从你到我有多远——善解之间

从心到心有多远——天地之间

这是我非常喜欢的一首歌《醒来》的歌词，禅意浓浓，意味深长。生死、迷误、爱恨纠缠，时空轮转，都那么相近相远，唯有人心的距离，遥不可及。

在我的咨询个案中，大都纠结的是各种关系。难怪伟大的马克思说，人的本质就其现实性而言是社会关系的总和。而这些关系不光是物质与利益的，绝大部分都关于人心、人情。

一对夫妻，从大学时候开始谈恋爱，郎才女貌，情投意合，很顺利地在同一个城市扎根，且各自辉煌。在外人眼里，这个家庭美满幸福，是标准的模范家庭。妻子也一直心怀感激地生活着，毕竟这样的幸运不是所有人都能得到。突然有一天，警察来到了家里，带走了“正直稳重”的丈夫，罪名是挪用巨额公款。

后来又扯出很多丈夫的“花边新闻”，剧情像所有的韩剧桥段里写的那样。妻子像个“傻子”观看了这出肥皂剧，几度认为自己一定是做了一个长长的噩梦。直到所有的证据确凿，当丈夫跪在她面前请求原谅的时候，她觉得眼前的这个人完全就是个陌生人。枉她一世英名，却无法看清这具皮囊下的人心。

恍如隔世。

有个小女孩是一个人来到咨询室的。按惯例我问来访者有怎样的诉求，我以为又是什么学习啊，同学关系啊，少女情怀之类的事情。不料女孩压低了嗓音说，老师，我想找你学“读心术”。女孩说，她是住校生，每到周末父母就会来接她回家。但是在车上，父母几乎很少交流，气氛非常压抑。回到家也是如此。她根本搞不懂父母在想些什么。如果他们要离婚，她能接受的；但是又怕自己想多了，父母根本没有什么矛盾。强烈的好奇心驱使她看了很多的心理学方面的书，试图破解这个家庭之谜。多么可爱的孩子，但是又是多么可悲的家庭啊。至亲的人必须通过所谓的技巧才能读懂彼此，信任彼此，人心不古在孩子还不知道什么意思的时候就已略知一二。

今天社会上涌现了很多的外向孤独患者。其临床表现为从小懂得很多道理。在日常生活中善于交际，有很好的人缘，对待不同的人有不同的性格。在大家的面前总是高高兴兴、快快乐乐的样子，给大家以乐观、开朗、热情、自信、积极进取的印象。但是，这种人的内心情感往往丰富，多愁善感。有时候表现出神经质，有时候表现出镇静，也会因为别人的一句话悲观、伤心，但不易被别人发现。他们不喜欢将这种内心的体验表现出来，不喜欢刻意地找人诉说。周围人往往也误以为他们内心强大而不怎么关心他们。并且这类患者性格多样化，遇到什么样的人就讲什么样的话，能适应不同性格的交往对象。患者有时候会笑得没心没肺，有时候却沉默寡言，许多要说给别人听的话，最后只说给自己，不愿打扰别人，表面虽然开心，却常常口是心非。

我想很多人会说我觉得这样多懂事啊，情商多高啊。我想你是误解了情商。这类人往往是缺乏安全感，畏惧与人心打交道，于是戴上了多种面具去迎合周围的人。但是面具戴得再久，终究不是脸。所以他们内心的孤独和伤感在一定时间爆发的话，会做出很多不可理喻的事情。

我遇到过这样的一个个案。一个初二男孩的父母打电话预约，说自家的孩子抽烟、喝酒、打架、斗殴，整日泡网吧，不学无术，整个一问题少年。父母最后一句话总结：老师，你看了他的造型就明白了。我马上自行脑补了一个“杀马特”的初二叛逆期孩子的形象，心中暗暗叫苦。直到门被推开，一个穿着打扮、发型正常的不能再正常的学生走了进来。我一度认为是不是预约错了。接下来的谈话更是让我觉得不可思议。孩子说他的诉求是学习压力很大，他每科基本上只能考个 120 分左右（150 满分），现在已经初二了，他觉得父母很辛苦，要好好读书为自己的前途和父母的期望努力一把，但是苦于没有办法，恳求老师给他支支招。情到深处，泪光闪烁，双眸干净而透亮。孩子走时还给我深深地鞠了一躬，很有修养地将椅子归还了原位。他前脚刚走，父母的电话就来了，好奇地打听我对孩子的看法。基于咨询的保密原则，我并未告知，反而让其父母提供了更多的孩子的信息。比如成绩单、照片。是的，成绩单，不是一科 120 分，而是所有的学科加起来 120 分；还有照片，是我先前脑补的“杀马特”造型——也就是说，这个孩子为了这次咨询，还“精心”打扮了一番。这就是传说中的“戏精”吗？于他而言我无疑是个阅人无数的“老江湖”了，但每每一想起那双干净而透亮的眸子，我仍然不寒而栗。

心与心的距离，天地之间。

当然，也有可喜的。

霍金在回答《卫报》记者提问时说，人世间最让人感动的是，遥远的相似性。

比如，量子力学里的量子纠缠，两个粒子在经过短暂时间彼此媾和之后，相聚再遥远，其中一个粒子受干扰发生变化，瞬时的，遥远空间外另一个粒子也会发生变化。

那种隔着千山万水，那种相似的星云黑洞，跨越时空的向往与追求，甚至生活在山海相隔的城市，却有着共鸣的思想和相互欣赏的灵魂，是一件多么让人感动的事情。

一个高三的学子给过我这样的感动。一个月才能挤出一个小时的咨询时间，但是他却能领会我所有的思想，且践行得完美无缺。以至于每到我们的咨询时间，我们就开始期待，期待一个仿佛认识了很久很久的老朋友。

还有一位是我的年轻同事。相处仅仅一年半，但是我们那种相似的美好让我觉得这么多年的职业生涯真是多了很多的乐趣和期盼，看着她就像看到我自己——很多时候我们都莞尔一笑，心领神会地坐在一起，一句话不说，也很美好。后来她因种种原因要离开学校。她走那天，我连短信都不想发，因为悲伤和不舍让我连拿电话都觉得费力。过了很久，心都像被挖了一个洞，来来往往的人很多，但是这份“天作之合”的相似始终无法填补。

遥远给了我们与生俱来的差异，当相似战胜这种遥远，怎能不令人感动？

文中最开始提到的我喜欢的这首歌的歌名叫《醒来》。人生是多么无常的醒来！人心是多么巨大的差异！愿读到这篇文章的人们更懂得珍惜，也更懂得拒绝。生命太有限了，不要把时间浪费在不必要的人和事身上，让我们每个人都能将电影里说的境界作为一种追求：爱我所爱，行我所行，听从我心，无问西东。

52 赫兹

稻草人拥抱　温柔的微风
蓝色　拥抱着它的天空
噪音跟随着　狂欢的耳朵　安静降落
渴望的泡沫　漂浮在水中　瓶子里的字　永不沉没
抒情不是我　唯一能写出的　对或错
因为我爱　因为我活着　因为孤独　我探索
因为我爱　因为我活着　因为孤独　我探索
孤单打不开　封闭的耳朵
没有人听见　我在唱着　生命的寂寞

——词曲：陈绮贞

世界上有一只鲸，它叫“Alice”。这么多年来它一直在寻找，寻找一个伴侣。可是无论它游走了多少地方，不停地唱歌，却一直没人听见。原来“Alice”的频率有 52 赫兹，而正常鲸的频率只有 15~25 赫兹，它在别的鲸鱼那里无疑是个哑巴，无人能懂。

它是全世界最寂寞的鲸。

“52 赫兹”成了孤独的代表词。

最近又是开学季。今年开学比往年都晚，整个一副春意盎然的样子。但是小鹏家里却死气沉沉，感受不到万物复苏的气息。寒假后，高三的他拒绝返校，不想读书了。理由很简单，没意思。为什么没意思呢？小鹏说，我也不知道为什么。我觉得我和其他同学不一样。他们都在努力，我也知道要努力，但是就是找不到支撑自己走下去的坚定理由，于是经常看着别的同学酣畅淋漓地学习着，自己就像局外人一样，很滑稽。父母说的也都是学习，可是我根本不想听。你不明白你与周围的世界都不在一个频率上，你的无助和难受无人能知。

小鹏就是那只“52 赫兹”的蓝鲸，生活在自己的孤岛上。

我曾经做过一个活动，叫“某某的支持系统”。

游戏很简单。首先请同学们写下自己的名字，完成“某某的支持系统”这个标题后设想：当你遇到灾难或是无以名状的忧郁、危机之际，你将和谁倾心交谈？你会向谁发出呼救？你能得到谁的帮助？然后在下面 1、2、3、4……写下标号和具体的人名，具体写多少随你，可以只写下三五个，也可以一口气写下十个，甚至更多。

这个游戏让教室里的气氛非常沉重。我看到很多同学迟迟下不了笔，好不容易还是写下了几个，又觉得似乎达不到那样的程度，偷偷地又擦掉，反复多次。

生活中最大的幸福就是，坚信有个人永远在我们背后爱着我们；而人生最大的痛苦是心灵没有归属，或者转身后没有什么期待。

是的，同学们说，这个活动好残忍，本来数量就不多，质量还不好。

接下来，我让他们面对支持系统的名单，想想看，我们已经多长时间没有和他们促膝谈心了？想想看，我们已经多长时间没有向他们细细交流你的想法和变化？想想看，我们已经多长时间没有和他们一道喝茶和共进晚餐？

即使是质量好的支持系统，在这个大家都在忙碌自转的时代，我们又花费了多少时间与他们喝喝茶、聊聊天，甚至面对面坐着，什么都不说就很美好？

小鹏口中的没意思，就是觉得自己很孤独——没人理解，没人关心，自己跟这个全力以赴的集体格格不入。因为突兀，更加无人理解，形成恶性循环，以至于去学校不期待，不去学校不留念，故而即使高三最后三个月，感性战胜了理性，仍然选择了待在家里不愿上学。

其实，人们在社会中生存，就有各种各样的社会需要，形成了各种各样的社会关系。当某种社会需要得不到满足，或者对社会关系的渴望与现实拥有的实际水平产生差距时，人们就会感到孤独。孤独是一种主观自觉与他人或社会隔离与疏远的感觉和体验，而非客观状态。一个人可在众人参与的生活环境中，或者在众皆欢乐的热闹社交场合而仍深感孤独，也可在漫长的独处中毫无孤独感。孤独是一种令人不愉快的负性情绪体验，在孤独心态下人们往往会感到寂寞、郁闷、焦虑、空虚、无助、冷漠甚至绝望，常伴有刻骨铭心的精神空虚。

心理学家埃里希·弗洛姆认为，人也许能够忍受诸如饥饿或压迫等各种痛苦，但却很难忍受所有痛苦中最痛苦的一种——那就是全然的孤独。虽然轻微的、短暂的孤独不会导致心理与行为的紊乱，但长期的或严重的孤独则可引发某些情绪障碍，降低人的心理健康水平。

今天孤独感在学生中是高发产物。越是在宠溺中长大的孩子越容易孤独。因为他们太习惯和享受有人宠护着。他们的思维里总是不愿意被冷落，向他人成倍地索求关注，觉得人人都该对他好。当外界的反应让他失望时，他马上就会确信："没人喜欢我!"在这种以自我为中心的背后，隐藏着深深的自我陶醉和过度敏感，继而跟身边的人很难建立起信赖关系（或者说确立自己的交往信赖制度）。所以我经常告诫家长，今天孩子在家里是唯一，到了社会要适应变成 N 分之一，这样才能从内心深处获得自我与社会的高度统一，获得自由与自律的人生。

很多年前，有个家长很会"来事"——孩子从幼儿园、小学、初中和高中一路走出都同各位老师"搞好关系"。用家长的话来说，老师们要关注的孩子比较多，只有家长的"用心"，老师才会分外的"用心"。确实如此，功夫不负有"心"人，一路走来，孩子也算顺风顺水，很多小事都在老师的春风化雨中和谐地解决了。孩子也如愿以偿地考上了一所理想的大学。后来，听说孩子谈恋爱了，相处了一段时间，女孩提出了分手。这个在很多人照顾中长大的男孩根本不能接受这样的"遗弃"，这样的"孤独"，对女孩是死缠烂打，后来女孩报了警，两人彻底撕破了脸皮。男孩一直没有从这段感情中走出来，后来得了抑郁症。再后来，听说因为抑郁症，这么多年一直在家养病，什么都没有做。

是太爱这个女孩吗？还是太爱的自己？是真正的怕孤独吗？还是没有一个独立完整的自我？

文章最开头提到的"52 赫兹"，那头被誉为世界上最孤独的鲸，独自生活了二十多年，看起来一直很健康。我想，这头鲸的适应力也该鼓舞着每一颗孤独的心。尽管它唱响的二十多年无应答的呐喊只是在冰冷的北大西洋里回荡，但它一直都在唱。

你们分手了，我呢？

因为经常接个案，在给孩子做心理辅导同时，我也与孩子的家长熟络起来，有的妈妈还与我成了好朋友。按她们的话说，与其说孩子在成长，其实自己也要成长。

美事一桩！

有天早上起床就收到一条微信，来自以上所说情况的一位好友，凌晨三点——足可见一颗焦灼的灵魂——亲爱的龙老，我要离婚了。孩子爸爸外面有人了，已经好几年了。一直为了孩子和面子，我苦撑着。这次我撑不下去了。

我的眼泪瞬间掉了下来。她的伤心和绝望占满了手机屏幕，我紧紧握着手机，多想穿过屏幕给她一个拥抱，我想她一定会像孩子一样号啕大哭。

情淡了，人走了，家散了。孩子怎么办？每到这个时刻，千疮百孔的绝望的母亲总是心酸地苦苦追问——什么样的苦我都能接受，可是我的孩子怎么办？

是啊。孩子怎么办。我想起好多这样的案例。

星期五放学，学校很是热闹。家长们陆陆续续地来到校园，看到自己的宝贝，满脸堆笑地嘘寒问暖；学生们也辛苦了一周，此时此刻都是很放松的状态。校园里充满了周末惬意的气氛。熙熙攘攘的人群很快就消散了，校园也安静下来了。有一次加班，我离开得比较晚。拎包下班的时候，远远看见一个学生在银杏林里踢树叶。我认识他，是小Q，上初二。看得出来，他左一脚右一脚地踢着树叶，很是无聊的样子。“你怎么还不回家？”小Q看着我，眼圈瞬间就红了。“老师，我最讨厌星期五，我不想回家。”我坐下来和他聊了起来。小Q的爸妈去年离婚了。很快父亲再婚了，新妈妈有一个和他差不多大的哥哥；母亲去年也再婚了，今年刚生了个弟弟。小Q说：他们都有家，都有孩子了。我不知道该去哪儿，我觉得去哪儿，自己都是多余的。老师，我成了孤儿了。

这个世界上又多了一个父母双亲都健在的“孤儿”。

另一个真实的故事发生在一个寒假。故事的主人公是一个高三的女生。成绩很好，学习有很强的自觉性。寒假期间她每天都能按照自己制订的计划进行学习，按这种节奏，开学后不久的二诊考试一定能取得一个不错的成绩。大年三十，她决定给自己放个假，就顺势拿了平板电脑来玩。屏幕下方的QQ小企鹅不停闪烁。当时就有一种异样的感觉阻止她不要点开，但是最后还是强烈的好奇心占了上风。那是父亲忘了关的QQ聊天——她从父亲和一位女性的聊天记录来看，可以断定父亲早已出轨！她说，她当时就懵了。接下来好几天，她都神情恍惚。想象力是很可怕的，她不断地自行脑补着父亲与别的女人亲热的样子，同时又看到现实父母在人前秀着恩爱。她就像在看一出戏，而男女主角就是自己的亲生父母——像小丑一样的粉墨登场。女孩很后悔自己手贱点开了QQ，要不是她发现了父亲的秘密，这个家还和原来一样和谐美好，至少在她心里是这样的；她也恨自己为什么要休息，如果不休息就不会玩QQ，当然也就不会有这些事；她更恨她妈妈，那个可怜的女人，自己的丈夫出轨了都不知道，还整天在朋友圈里晒着幸福；接下来的日子，她开始疯狂地学习，但是越强迫自己学习就越难以集中精神，女孩开始焦虑、失眠，沉默不语，家长由关心到担心再到责备，觉得她对自己要求太高了，心理素质不好。没有人理解她这份不为人知的隐痛，自然二诊考试溃不成军。女孩觉得自己的人生都变成灰暗的了。

这个世界上有两样东西不能直视，一是阳光，二是人性。

听起都很沉重。是的，父母的分手无疑对孩子的打击是巨大的。有一种说法更震撼，说父母的离异对孩子的伤害仅次于父母的去世。伤害是难免的，是锥心刺骨的。但是就像苦难，每个人的反应还是不尽相同。

有的人，从苦难中看清情谊的真伪，看清亲戚的远近，看清世态的炎凉，看清自己的坚强与懦弱，看清怎么与他人和世界握手言欢，这份分离是苍天对你的另一种馈赠。

有的人，从苦难中练就了自私，懈怠了责任，习得了抱怨，滋养了仇恨，尘封了记忆，拼命证明自己是最好的，在一段破乱不堪的关系中爱恨纠葛，放不过的不是别人，而是自己。

不是一定要将一段糟糕的感情强行捆绑，苦缠到底，毕竟每个人都有追求幸福的权利。但是既然分手是不可挽回的决定，那就请将伤害降到最低。村上春树曾说，如若相爱，便携手到老；如若错过，便护他安好。体面分手才是对彼此最大的尊重，而保有尊重，才不枉相爱一场。孩子的爹妈，请为自己留一点体面，也为孩子留一方美好的空间。成全对方，更是放过自己，放过孩子。

有一个小男孩才小学五六年级吧，父母整日吵吵闹闹，妈妈在这段感情里受尽委屈，但是为了儿子，一直在名存实亡的婚姻中隐忍、煎熬。有一天，儿子抱着存钱罐找到妈妈，说：妈妈，这是我全部的积蓄，你去找个好点的律师，把我判给你，找一个真正爱你的人吧！妈妈，你要嫁给幸福！

妈妈瞬间泪如雨下。

一个小学生都能感受到真正的家不是人员的集结、户籍的完整，而是彼此相亲相爱。给孩子一个完整的家，是给孩子满满的爱。

给孩子最好的礼物是父母的恩爱。

最后需要说明的一点，这些案例中被伤害的大都是母亲，不是有意针对男性。或许从统计的结果来看，男人出轨或者婚内不用心经营者居多吧。就像今天很多社会学专家评判的那样，现代社会将女人推向了职场，却没有将男人拉回家庭。父爱如山，就应像山那样一动不动。

曾经听过一个故事：说其实我们都是上帝的孩子，上帝让孩子到世界上去走一遭，孩子们感到很无助和惶恐。于是问上帝，世间那么多妖魔鬼怪，我们赤手空拳来到人间，怎么办啊？上帝说，别担心，我给你们配了两个死心塌地的保镖。孩子问，我们怎么才能知道谁是呢？上帝说，很简单，你们出生长大后，叫一声爸，叫一声妈，他们就出现了。

爸爸妈妈们，我们要成长得多么美好才能配得上别人一生的守候。世界本就一半光明，一半黑暗，我们每个人都不应该停止成长，毕竟一个家需要成熟的心智和彼此相爱，这才是我们想要的归宿。

以爱之名，你还愿意吗？

“520”，朋友圈里各种晒幸福，撒狗粮，浓情蜜意，霸占屏幕。有个一向低调的朋友忍不住晒出了自己收到的“520”的微信红包，她说生活要有仪式感，爱就要勇敢地表达出来，感受彼此的爱。

真好！现代人不断通过各种渠道和方式传递着情感，提醒自己也提醒他人，我们被深深爱着，因此更懂得感恩惜福。较之以往“爱你在心口难开”的时代，我们直抒胸臆要畅快淋漓得多。

这是一个美好的时代。

今天想讲一位中学生的“爱情”故事，他就没有这样幸运。其实根本谈不上是爱情，顶多算得上是一场“暗恋”。都说哪个少男不钟情，哪个少女不怀春。美好的年华总有美好的情愫。小男孩的世界里不知什么时候多了一个俏皮的身影。女孩是同班同学，谈不上漂亮，但在男孩眼里却光芒四射。像网上一个小学生作文描述的那样——“她是我的一束光”，带给了他生活的光明。真的是再单纯、再美好不过了。但是故事的情节并没有完全照着这样的青春偶像剧剧情去发展。男孩每天都追着这束光，很累也很辛苦，女孩的一举一动都让男孩魂不守舍，他根本没办法集中精神去学习，也因为太在乎，有他表现的机会他都分外看重，以至于发挥得很是笨拙，落人笑柄。往往这个时候，男孩都很是窘迫，但是他固执地认为，为了女孩这点付出根本算不上什么。

女孩其实很敏感，她能感觉到男孩对她不一样的情感。但是她把他定位为一种男闺蜜般的好朋友，于是与男孩也比较亲近，甚至把男孩对她的感情作为任性的资本。在这样若即若离的纷纷扰扰中，男孩有些晕头转向。他给女孩写了很多信，但没有一封交到了女孩的手里；他为她多次更新QQ签名，表达各种剪不断理还乱的心情，都被女孩戏谑为“又发疯了”，只能苦笑不已；他甚至去很讨厌的老师那补课，只因为女孩也在那儿补习，尽管很多时候女孩都是和别人说说笑笑，他只是陪衬而已；这些都不重要。他为自己的专情感到骄傲，甚至很多时候被自己感动得流下泪来。

就这样，关于女孩的种种，镶嵌进了他的这段生命。

到了初三，他还是一如既往地进行着这样一场“苦恋”。班上也有起哄的，但是都因为男孩未曾明确表态，女孩的“严正声明”，谣言渐渐平息了。鬼知道，男孩对此有多么期待和欣喜。但是青春的骄傲让他一次次羞于公开说明。后来，女孩开始和另一个男孩走得很近，再后来，两个人的恋爱关系成了班上公开的秘密，而这次女孩没有发表任何声明，对方男孩也是大大方方地表达了自己的情感。看着两人蜜一样的眼神，我们的主人公觉得天都塌下来了。

他愤怒、痛哭，很想去大声质问女孩为什么要背叛自己，却发现他连指责的资格都没有；他万念俱灰，每一天都无精打采，每一个关心他的人都不知道他为何情绪如此低落，都以为他中考压力太大。他不知道该向谁倾诉这段没有开始也没有结尾的感情，说白了，导演是他，演员也是他，这场青春的独角戏，与别人无关。

连“恋”都没有的“失恋”，让人欲哭无泪。

也许你会说，放手吧。这场自编自导的苦恋注定伤的是自己。男孩也明白，但是两年多的时间，女孩占据了他的每一根神经，充斥了他生活的每一个角落，要把她从生活中剔除，无疑犹如在他心上挖一个大洞。

这是一场分离焦虑的“殇”！

感情来的时候猝不及防，要离开却需要精心善后。男孩说，看着女孩每天嘻嘻哈哈的样子，他觉得怒火中烧，他感觉自己对她的情感的变化，不再是依恋，而是厌恶和仇恨。他说，要不是女孩给了自己各种暧昧的暗示，自己不会深陷其中，也不至于到今天无法抽身。他也感觉到自己邪恶的念头时不时地迸出来，想要毁灭这两个罪魁祸首，甚至所有人。他们在心无旁骛地奋战中考，似乎这些都让自己显得可怜无比，又幼稚可笑。

感情就像两个拉皮筋的人，受伤的总是不愿放手的……

他说，我觉得自己的心灵已经扭曲了。

他陷入了深深的情绪泥淖，难以自拔。

在我的心理咨询中，有很多的问题都关于情感。很多年前，我也做成年人的咨询，问题一般都绕不过感情和婚姻。那些相爱相杀的孽缘，那些互相撕扯的伤痛，那些断了骨头连着筋的血淋淋的分离，几度让我怀疑人生的美好、情感的真挚——真爱就像鬼，信的人多，看见的人少！

原来，爱可以这么伤。残忍的人，选择伤害别人，善良的人，选择伤害自己。

从成年人的咨询中我选择了逃离，却仍然逃不过青春期孩子各种感情的伤痛。他们没有故事情节，模糊了所有的背景，就剩下一些似水流年的悲伤在空气中肆意流窜，吞噬着他们原本蓬勃的生命能量。伤，从不分年龄。

如何从这些伤痛中自我疗愈，是我们每一个人都应必修的一门功课。倔强的张爱玲，也难免在一段感情中自尊尽失，她有很多金句，但我最喜欢的是她那句：“岁月不曾饶过我，我亦不曾饶过岁月。”这份不屈不挠的倔强让我看到生命的桀骜不驯。

本文的主人公最后中考考得很差，去了另一所学校。后来的故事不得而知，但我从他的QQ签名里仍然看到很多负面的情绪和言论，持续了很长时间。后来听说他出国了，再后来就彻底失去了联系。每当大家谈论青春期早恋问题的时候，我都能清晰地想起男孩当初对我叙述这段故事时满眼满心的伤痛和绝望——尽管在大多数人眼里他的情感还谈不上早恋，这种心情在很多人看来还是无病呻吟，他那段暗无天日的日子甚至被他的母亲冷眼嘲笑为自作多情，咎由自取。

“520”，甜蜜温馨的日子。大家大秀着恩爱，表达着满心的欢喜。还有什么比自己喜欢的又恰恰喜欢自己来得更幸福呢？但如果我们暂时没有这样的幸运，情不知所起，一往而深，那我亲爱的朋友，请耐心等待，持续关注，带着希望去生活——一个人的一生可能会爱上很多的人，等你获得真正属于你的幸福之后，才会明白一切的伤痛其实是一种财富，它让你学会懂得把握和珍惜你爱的人。须知，最深和最重的爱，必须和时日一起成长。

以爱之名，你还愿意吗？

城里的月光

每颗心上某一个地方
总有个记忆挥不散
每个深夜某一个地方
总有着最深的思量
世间万千的变幻
爱把有情的人分两端
心若知道灵犀的方向
那怕不能够朝夕相伴
…………

这首老歌《城里的月光》，在今天这个没有月亮的中秋节听起来有特别多的感触。我的一位好友，今夜不知你的心情会怎样。没有月光，丝丝冷雨，秋风萧瑟，我想相比于微信群里铺天盖地的祝福，老天爷还要“善解人意”一些。

这是个很老套的故事。几十年的相处，消磨了所有的情感，两个人的事业平台已是云泥之别，没有共同的语言，无法并肩作战。女友是个识大体的智慧女人，在对方表现出的无意识的冷淡与嫌弃中，主动提出了离开。“没有必要靠一纸文书来维系名存实亡的情感。当对方要离你而去，别问为什么，转身离开就好。我不想连退出都那么狼狈。”她说。

说得洒脱，泪水已经打湿了衣襟。

多少美好的开始，都败给了时光；多少信誓旦旦的相守，都输给了渐行渐远的背离；多少明月清风来相照，却在很多人推杯换盏之间不见离人的愁殇。

人有悲欢离合，月有阴晴圆缺，此事古难全。

2017 年有一句很火的网络流行语“你的良心不会痛吗”，表达说话者受伤的心情。有一句歌词“你伤害了我，还一笑而过”，似乎更能表达受到的伤痛。

你的良心不会痛吗？后来被大家泛化到生活的方方面面，调侃对方对自己的不讲颜面和人情，哪怕根本不存在别人对你的伤害。我在学校里经常听到小朋友们彼此打趣：

我正在减肥，深夜放毒的亲，你的良心不会痛吗？

成绩那么好，还长得那么美，你的良心不会痛吗？

我一项作业都还没做完，你把明天的都完成了，你的良心不会痛吗？

整个暑假，我都在你的朋友圈里“看天下”，你的良心不会痛吗？

…………

这些“梗”，都被莫名戳中笑点。“90 后”“00 后”的世界我们有些不懂。在我的认知领域里，良心可是一个分量极重的词，不到万不得已我们很少惊动它。

一个事业爱情双丰收的中年男子，最近刚添一个大胖儿子，妻子无论是颜值、才华还是家庭背景，样样都是加分项，与春风得意的他旗鼓相当。是的，你会说，爱就要势均力敌。他的前妻真的是弱爆了，两人的分开也纯属情理之中，无须任何道德的评判。但就是这样一个处于人生巅峰的男人，酒过三巡，突然对我说："现在想来，还是她对我好啊。你想，那时候我真的是一无所有，别人跟着你，什么都不图，只图我这个人。虽然我们确实差距太大了，日子过不下去，分开我也不后悔，只是说啊，每每想起当初，想起那些贫穷潦倒的日子，心中很不是滋味。但求分开后，她能过得好一些。"平时骄傲的男子，此时眼里写满了忧伤。我知道，那一刻，他的良心在痛。

分开有很多理由，但是最初的牵手却是人一生难能可贵的拥有。无论多么风光，多么得意，纵使你拥有了全世界，深夜的某个时刻，曾遗失了那样一份纯粹的美好，曾不具风度地让那样一份美好好聚好散，无处安放，我相信当你辗转反侧之时，你都能感受到良心的痛，如此真实，如此犀利。

愿得一人心，白首不分离。今天，能爱、会爱是一种能力，更是一种修为。人生啊，不是经历过了才去感慨去追忆，我们生命中的过客来来往往，川流不息，而那些在我们身边驻足的人儿，请多一分耐心，多一份包容，与他一起慢慢走，或许你会发现，同行不在于节奏一致，而在于看向同一个地方。

"江畔何人初见月？江月何年初照人？人生代代无穷已，江月年年望相似。"

最后，用文章最前面提到的歌曲后半段歌词来结尾吧。

城里的月光把梦照亮

请温暖他心房

看透了人间聚散

能不能多点快乐片段

城里的月光把梦照亮

请守护它身旁

若有一天能重逢

让幸福撒满整个夜晚

17 号房间

听过这么一个故事：

女主人公和所有的日本普普通通的家庭主妇一样，在家里相夫教子，任劳任怨。两个孩子也还乖巧伶俐，丈夫事业也顺利周全，总之就是传说中的岁月静好，现世安稳。可是这个女人每个星期总会抽出半天的时间去一家旅馆开一间房间，一待就是半天，然后出来继续柴米油盐的生活。久而久之，丈夫不知从哪儿听到了风声，跌跌撞撞来到旅店。旅店的小哥的回答更是让他五雷轰顶：妻子是这家店的常客，而且她每次来都开 17 号房间。丈夫回到家，质问妻子。妻子承认了自己的出轨，离婚办得出乎意料地快，妻子什么都没要就离开了家。她拖着行李箱，再次打开了 17 号房间……

谜底揭晓：17 号房间里什么也没有。没有香槟红酒，更没有浪漫情人。

迷思一：既然不是幽会情人，那衣食无忧的女人周周跑到这个房间来干什么？

女人从小到大都很喜欢写作，但是后来因为很多现实的原因都不得不放下了。结婚生子后更是被生活琐事所包围，更没有属于自己一丁点的时间。她来到这里，只是想给自己放个假，给自己一个空间，做自己。

迷思二：既然自己没有出轨，为什么不向丈夫和盘托出呢？

你觉得她的丈夫会相信她吗？一个整日忙于生计，把物质基础看得比什么都重要的现实主义者，能够理解一个女人在家衣食无忧，无关人间疾苦的人还需要什么自己的空间？这不是吃饱了撑的嘛？所以，女人是明智的。与其与一个不在同一层面上的人做无谓地争辩，还不如给他一个能够理解的理由，转身离开。

这个故事深深地打动了我。不知道什么时候我们的时间和空间被挤压，失去了属于自己的“17 号房间”。今天走到哪儿，都听见人们在抱怨，忙啊，忙啊。走到大街上，总见到人们行色匆匆，家长不断地催促孩子，快点，快点，连好不容易安排一次旅游，就算说好了的自由行，也被逼迫“赶”行程……夜深人静的时间，终于可以休息一下了，又随手拿起了手机，处理一两条待办事项，再刷刷朋友圈，在别人的世界里停一停，顺便点个赞，以至于荧荧光线下眼皮打架，浑然睡去。

我们像个陀螺一样旋转，我们的生活被高度发达的物质和日益膨胀的碎片化信息所塞满。我们似乎越努力，对知识的焦虑就越深，对自己就越不自信。

我认识一个生态活度非常积极的母亲，全职太太，两个孩子一个上高中，一个上小学。她除照顾孩子们的饮食起居以外，每天把自己安排得非常充实——一三五游泳，二四要练瑜伽。她参加了很多班，茶艺、禅修、摄影、烘焙、插花；她的手机里下载了很多付费的 App，她说她开车的时候就听听这些微课，甚至敷面膜的时候也不忘学习；她还说她准备去报个英语班，流利的口语是现代人基本的要求。我每次见到她都问她为什么把自己逼得这么紧，她就跟我说，没办法，不学习就落后了啊。我不想沦落成一个跟社会脱节的全职太太，被老公和孩子看不起。

真应该为这样的有为青年点个赞。我经常标榜自己是个爱学习的人，在她面前我自愧不如。

通常她都是将自己活色生香的学习生活暴露在朋友圈里，引来一堆像我这样的“吃瓜群众”点赞，我在她身上也吸取了很多的正能量。

可是有一段时间我很少见到她微信晒图。

私聊的时候，她说：我累了。我觉得学习了那么多，还是有很多的迷惘和困惑。我每天穿梭于城市的大街小巷，辗转于各大培训班，耳濡目染的都是各种信息和知识，刚开始我觉得自己像打了鸡血一样，电力满格，久而久之我就麻木了。光从时间的分配来看，我是充实的，也没理由不充实，可是从感受而言，我却觉得越来越空虚。学的越多，但是面对问题，我还是无计可施。就像网上的一句流行语：明白所有的道理，仍然过不好生活。

这不是学习的错，而是在学习的洪流中忘了留一间“17号房间”。

苏格拉底说：未经反省的人生是不值得过的。要反省，就要思考，就要总结，就要把它们内化成自己的东西。不经自我加工的知识都不是自己的知识。很多家长，尤其是毕业班的家长最喜欢问我的问题就是，我的孩子现在终于知道要努力了，我们也看到他每天都学得很晚，对考试结果也很焦虑，可是学习成绩就是提不高。这就像刚才提到的那位全职太太，学了很多，很忙碌，可是知识没有过手，游离在知识焦虑中疲于奔命，这不是正确的打开方式。

阡陌红尘，喧嚣繁华。

周而复始的一天天忙碌而枯燥的时光，难免倦怠与乏味，终日里怀着一颗小心翼翼的心，匆匆而来，疲惫而去，全心全力应付一日日的光阴。也许在今天这个人与人融合度和透明度都极高的时代，我们呼唤大家拥有一间属于自己的“17 号房间”。思绪如天上游走的云，可以随心所欲，什么都可以想，甚至可以构思小说的情节，不会有任何人打断你，除非是一朵盛开的花，让你放缓脚步。

发这篇微文的今天，是冬日，有难得一见的暖阳。我从各种杂事中解脱出来，在电脑前眼睛累了，停下来，端一杯茶，抬头看窗外，一缕阳光斜斜地挂在某个地方，偶尔再看，这光影又悄然挪移了脚步，换了地方也换了模样。想着流年里的些许幸福，有暖意透过衣服和肌肤，直抵心底。

我珍惜我们每个人心中那个“17 号房间”，也希望你能理解和尊重你身边的人心灵深处那方小小的天地。比如爱人偶尔的沉默，比如孩子写进 QQ 空间里的情话，比如从书中突然滑落的一张写满心事的卡片，也或者是别人真诚的拜托。

让我一个人静静。

一片叶子落下来

今天，跟大家讲一个沉重的话题，关于死亡。

我的姨妈三年前得了癌症，手术之后又复发了。经历痛苦难熬的化疗后，姨妈回到了自己的老家，安度最后的时光。和所有的有类似经历的人一样，这段历程无论是对家人还是她本人来说都是一场刻骨铭心的浩劫。

好在姨妈很平静，只要是没有病痛折磨的时候，她都是笑意盈盈地跟我们说话，还戴着假发，拍照给我们看，照片里的她虽面容憔悴，但却目光柔软、温和。

我第一次觉得死亡其实并没有那么可怕。

如果一个人这一生被很多人爱着，她也爱着很多人，我想，当我们到了生命的弥留之际也会如此的平和和淡然。

记得去年暑假我们带着学生去做社会实践，来到了一个山村的敬老院。敬老院的条件非常好，也有专业人士照顾他们的饮食起居，相对于当地的生活而言，能住进敬老院真的是“福气”了。

然而住进来的老人都不快乐，衣食无忧的他们有太多太多的抱怨和渴望。

王大爷就是其中之一。

王大爷在敬老院里算年轻的。不到 70 岁，腰板挺得笔直，声如洪钟，身体硬朗，但一天到晚总是长吁短叹。因为按照当地的风俗，进敬老院其实就是没有子女愿意赡养的孤寡老人。这是王大爷心中的一根刺。

据了解，王大爷其实有三个子女，在当地还算过得不错，但是没有一个子女愿意把他接到身边居住。这不是一个关于农村赡养老人的话题，其实，他的三个子女都很通情达理，他们把王大爷送到敬老院是因为与王大爷不亲，没有什么感情，将他送到敬老院来，让他与一群大爷大妈在一起，说不定还有共同语言，老人开心，晚辈也省心。

为什么跟自己的亲人不亲呢？

王大爷自己也承认，年轻的时候凭借着有一身力气四处打零工维持生计。自己喝点小酒，工程走到哪儿他就跟到哪儿，就算春节回家，也就是把几个子女叫到身边，叮嘱几句就又散了。那些年，他的孩子读什么书，哪个年级，喜欢什么，不喜欢什么，甚至不读书了，要参加什么工作，王大爷都没有过问更没有参与。父亲的形象对于他的子女而言完全是模糊的。就这样，岁月不饶人，落叶终归根，等他风烛残年回到故土，却发现与自己的子女只有所谓的“血缘”关系，俨然已成为“最熟悉的陌生人”。

我们在暑期社会实践的几天时间里，天天都见到王大爷晚上很晚还在院子里散步，但一大早就又起来了，伸伸腰，弯弯腿，时不时地老瞅着大门，似乎在期待着什么。

我想此时的王大爷，比起死亡而言，更可怕的是孤独。

我们做生涯教练培训中有一个练习：想想如果你可以参加自

己的葬礼，你觉得哪些人会来？哪些人会伤心？为什么？他们会怎样评价你？你期待他们怎样评价你？你的心情是平静的还是复杂的？

我记得一位事业很成功的父亲。他跟我描述的画面就是可能来参加自己葬礼人还是很多的，但提到真正伤心的人他却一下子语塞了。是啊，谁会因为我们的离去而伤心？一定是那些深爱着我们的人。而对于那些深爱我们的人，我们又做了些什么呢？

当一个人离去，所有人想不起你的好，那就是真正的死亡，真正的离开。

德国哲学家马丁·海德格尔在其存在论名著《存在与时间》里用理性的推理详细地讨论了死的概念，并最终对人如何面对无法避免的死亡给出了一个终极答案：生命意义上的倒计时法——“向死而生”。

倒计时我们的时光，用“死”的概念来激发我们内在“生”的欲望，只有这样我们或许才能真正看清自己需要的是什么。马丁·海德格尔很清楚地知道，与人贪恋欲望满足的本能力量相比，不在思想上把人逼近绝路，人在精神上是无法觉醒的。一个在精神上无法觉醒的人，他的存在对于这个世界是没有任何意义和价值的。

死亡是我们每个人都难以逃避的宿命，但是在有限的时光里，我们可以提高生命中每分每秒的质量和长度，从而提高生命的效度和目标的密度，只有这样生命的意义和价值才能在有限的时间内展现出无限的可能性。

亲人间的相互指责、彼此漠视，很多时候比疾病本身还要可怕。

在绘本《一片叶子落下来》中，弗雷迪问道："我们反正是要掉落、死亡，那为什么还要来这里呢？"

丹尼尔用他那"本来就是这样"的一贯口吻回答，"是为了太阳和月亮，是为了大家一起的快乐时光，是为了树荫、老人和小孩子，是为了秋天的色彩，是为了四季，这些还不够吗？"

是啊，这些都还不够吗？但愿每次回忆，对生活都不感到负疚。